Escoja Ser Libre

Descruba el Poder Terapéutico del Perdón

Dr. Abraham Inoa

DR. ABRAHAM INOA

Escoja Ser Libre

Descruba el Poder Terapéutico del Perdón

Primera Edición

Editorial UPEAKS Publishing

Philadelphia, USA
2013

First Printing: 2013

ISBN: 978-1-304-66198-2

UPEAKS Publishing
Editor: Dr. Benny Rodríguez & Mariela Guadalupe
Cover Design: Dr. Benny Rodríguez
Orlando, Fl - USA

Tabla de Contenido

FLORIDA CHRISTIAN
UNIVERSITY

Presentación del Libro

Este libro representa una amplia investigación científica, como resultado de los estudios doctorales desarrollados en la Florida Christian University, Orlando, Florida, U.S.A.

Fundada en 1985, la Florida Christian University es una institución de alcance global de enseñanza superior para estudiantes que procuran integrar sus estudios profesionales con fundamentos y ética cristiana. El objetivo de esta institución es ofrecer programas de alta calidad de enseñanza superior para promover el conocimiento académico, además de contribuir al desarrollo profesional y personal de cada uno de los estudiantes.

La Florida Christian University ha sido reconocida con una certificación de oro (más alto nivel), por el Florida Council of Private Colleges, Inc. (FCPC) y por el Council of Private Colleges of America, Inc (CPCA); agencias que representan facultades, universidades y sus respectivos miembros ante el gobierno y agencias educacionales americanas.

Esta obra representa el esfuerzo y dedicación de un alumno que cursó y fue aprobado conforme a los requisitos establecidos en el programa de Doctor in Philosophy in Clinical Counseling en la Florida Christian University, dispuesto por este medio a compartir sus conocimientos y hallazgos.

La Florida Christian University espera a través de esta iniciativa ofrecer a estudiantes, profesionales, administradores y técnicos una herramienta que contribuya a su educación continuada.

Este conocimiento, ahora integrado en su práctica, intenciona contribuir a que su especialización este aún más actualizada y perfeccionada en temas relacionados a este campo.

Florida Christian University,

.

Prof. Anthony Portigliatti, Ph.D.
Presidente and Canciller

Dedicatoria

Dedico este proyecto a mi Señor y Salvador Jesús por que sin él no habría podido ni siquiera comenzar este sueño. A ti te lo dedico mi Señor, recíbelo, a ti sea toda la gloria y honra Amen.

A mi esposa. Licenciada Josefa Inoa, mis hijos Abraham Inoa Jr. y Maverick Inoa que después de Cristo ellos son mi motivo de inspiración para seguir adelante y convertir mis sueños en realidad. Por entenderme cuando tenía que ausentarme de ellos para dedicarle tiempo a este sueño, a mi madre Profesora Rosa Delia Lebrón a mi hermana Dra. Zara flores mi hermano Dr. Antonio Inoa por sus oraciones y motivación, al pastor Ángel Martínez por su ayuda incondicional, a todos mis compañeros de Philadelphia por compartir juntos los momentos de clase y visitas a la universidad, al Dr. Portigliatti, Dr. Benny Rodríguez por bendecirnos llevando este programa de doctorado desde FCU Orlando Florida hasta Philadelphia PA.

Con Aprecio,

Abraham Inoa

Agradecimientos

Doy gracias a mi Señor Jesucristo por darme la fuerza y la sabiduría para poder llegar a convertir este proyecto en realidad; sin ti Jesús no habría podido ser posible este sueño ya que sin ti nada podemos hacer. Gracias mi Jesús siempre.

Además quiero agradecer a mi esposa Licenciada Josefa Inoa, por sus oraciones, mis hijos Abraham Inoa Jr. y Maverick Inoa, por su apoyo, su confianza en mi sueño y la credibilidad de ellos en mí para el logro de este proyecto. Gracias por ser pacientes cuando le quitaba el tiempo que debía dedicarles a ustedes para invertirlo en este sueño. Gracias los amo y que Dios me los bendiga siempre.

Al Presidente de la Florida Christian University, Dr. Anthony B. Portigliatti, al Director Académico y orientador de este trabajo, Dr. Benny Rodríguez y todos los profesores que nos apoyaron con sus conocimientos para bendecirnos con el programa de doctorado desde FCU Orlando Florida, hasta Philadelphia PA, para obtener esta victoria tan importante en nuestra profesión. A todos mis compañeros de carrera y de trabajo por su apoyo en clase, y las visitas a la Universidad en Orlando Florida, durante las clases y seminarios de capacitación, para completar los créditos exigidos por la entidad académica, para terminar el grado de doctor en filosofía en psicología clínica.

A mi hermano en la fe el Pastor Ángel Martínez por su colaboración y aportación de sus conocimientos teológicos. Gracias hermano que Dios te continué bendiciendo junto a tu familia.

A mi madre y mis hermanos, La Profesora. Rosa Delia Lebrón, a mi hermana Dra. Zara Flores, a mi hermano Dr. Antonio Inoa por sus oraciones para que este proyecto sea una realidad. Muchas gracias los quiero mucho.

Con profundo agradecimiento,

Abraham Inoa

Capítulo I
Hablemos Del Perdón Y Sus Definiciones

Cuando nos hacen daño la reacción inmediata y natural es ir contra de quien nos ofendió. Como ya estará pensando, esta reacción lógica y natural también trae sus problemas. A corto plazo, tratas de impedir que el daño continúes optando por venganza y "dar su merecido" a lo hecho.

Comparo el proceso de la ofensa de alguien como si te mordiera una serpiente. Las hay que tienen la boca grande y dejan heridas inmensas e inyectan veneno letal. Una vez que te ha dejado de morder, curar una mordedura así puede ser largo y difícil; pero cualquier herida se cierra finalmente. Pero el problema es mucho peor si la serpiente es venenosa y, que aunque se ha ido, te deja un veneno dentro que impide que la herida se cierre. Los venenos más comunes son el de la venganza, el del ojo por ojo y el de buscar justicia y reparación por encima de todo. El veneno puede estar actuando durante muchos años y, por eso, la herida no se cierra, el dolor no cesa durante todo ese tiempo y tu vida pierde alegría, fuerza y energía. De acuerdo con Beck (1995) y Ellis y Dryden (1997) prácticamente todos los humanos perturbación es el resultado de culpar a los demás, la sociedad o el auto de cosas que no tienen sucedido. De tal culpar a la necesidad de que surja el perdón.

Cada vez que revives el hecho cometido y practicas en tu mente una y otra vez la forma en que te vengaras, la herida se abre y duele y el recuerdo del sufrimiento te lleva a sentirlo de nuevo como la primera vez. Sacar el veneno de tu cuerpo implica dejar de querer vengarse, en resumen, dejar de hacer conductas destructivas hacia quien te mordió. Como te decía, solamente pensando en la venganza el veneno se pone en marcha. Por eso, si quieres que la herida se cure, debemos abandonar y renunciar a los pensamientos voluntarios de venganza hacia quien nos hirió. Es obvio que tendrás que procurar que la serpiente no te vuelva a morder; pero para eso no tendrás que matarla, basta con evitarla o aprender a defenderte de ella o asegurarte de que lo que ha ocurrido ha sido una acción única y excepcional que no se volverá a repetir de la misma forma.

Aun cuando diariamente estamos expuestos a eventos que podrían o han dejado "huellas emocionales negativas", parte de la experiencia humana natural, aun así el tema del perdón no había sido considerado un objeto de estudio central e interesante para la psicología hasta hace pocos años. Ha habido una asociación histórica entre perdón con la tradición judeo-cristiana (DiBlaso & Proctor, 1993; Enright, Eastin, Golden, Sarinopoulos & Freedman, 1992, Pattison, 1965), que sugieren ha llevado a un sesgo el concepto del perdón de la literatura psicológica. Históricamente, el perdón se ha considerado como un concepto teológico, algo que se practica dentro de una esfera religiosa y por lo tanto de poco interés para los terapeutas y también " no científica " para recibir atención por parte de académicos psicología. Este supuesto de que el perdón es menos aplicable a la sociedad en general, ya de su " historia de la religión y no es adecuado para el estudio académico ha sido cuestionada recientemente por muchos psicólogos (Hope, 1987; McCullough & Worthington, 1994; McMinn & Rhoads, 1996; Scobie & Scobie, 1998; Schontz & Rosenak, 1994).

Según McCullough & Worthington (1999) el perdón como un concepto bien puede tener más prominencia a las personas con creencias religiosas a diferencia de personas no afiliadas a religión. Las personas religiosas valoran más la experiencia del perdón que los que no son religiosos. Si la valoración de perdón realmente influye en el comportamiento sigue siendo algo aparentemente incierto. No obstante, la importancia del perdón para facilitar la interacción social y la convivencia pacífica tanto en la intrapersonal y nivel intergrupal es incuestionable. También debemos comentar que la psicología del perdón, grandemente impulsadas por el auge que el Dr. Martin Seligman y la Psicología Positiva trajeron, proponen que el perdón es una de las fortalezas humanas debido a sus efectos positivos sobre el bienestar y la felicidad humana (Peterson, Christopher & Seligman, 2004).

Pensamos también que otra posible razones de la desatención histórica de la psicología hacia el perdón es que el perdón es un constructo un tanto controversial en el campo de la salud mental. Esta polémica nace principalmente de definiciones cuestionables de perdón. Hay autores que asumen que el perdón permite que el agresor vuelva a agredir otra vez y que la víctima permanezca en una posición de opresión poniendo culpa sobre la víctima y quedando el agresor absuelto de culpa y responsabilidad. Muchos teólogos y sociólogos justifican esta postura estableciendo que la religión patriarcal y los sistemas sociales pueden mantener la sumisión femenina, o como una forma de aceptación de la propia vulnerabilidad que coloca a la víctima en una posición de ser herido por otro.

Por ejemplo, Bloomfield & Fielder (1983) definen perdón como simplemente "dejarlo pasar" colocando una idea implícita de "simplemente lo olvidaré". Otros autores como Bass & Davis, 1994 y también Sells & Hargrave, 1998 critican el uso del perdón como intervención terapéutica desde el supuesto de que el perdón supone abandonar la ira, no mantener la responsabilidad del agresor y no tratar más de recibir compensación por el abuso.

Por otro lado, McAlister (1984) entiende el perdón no como un proceso de reparación, sino como un imperativo: "el cliente puede no ser capaz de olvidar inicialmente, pero debe perdonar porque tenemos la necesidad de no sólo ser perdonados sino también de perdonar" Estos conceptos de perdón suponen para algunos una amenaza para el bienestar de las personas que han sido dañadas, por lo que de entrada es fundamental revisar el concepto íntegro del perdón que mantienen tanto las víctimas como a las personas que trabajan con ellas para evitar dicha percibida amenaza.

Definiendo el perdón

Basado en el American Heritage Dictionary, definimos perdón en las siguientes tres dimensiones: justificar una falta o un delito; Renunciar a la ira o el resentimiento en contra y eximir del pago de una deuda. Aun así esto implica que se aprueba lo que se hizo. La falta no queda justificada con perdonarla la ofensa. Estas distinciones son importantes porque, durante mucho tiempo, han sido las principales objeciones a perdonar como bien citábamos antes.

El Dr. Carl Thoresen, profesor de psicología y psiquiatría de la Universidad de Stanford e investigador principal del proyecto original para el perdón de Stanford, dijo: "Es uno de los secretos mejor guardados". También afirma: " Nos hemos encontrado muy pocas personas que entienden lo que el perdón es y cómo funciona." El perdón debe entenderse como un acto de voluntad, una decisión personal difícil que alivia el perdonador del dolor, sentimientos negativos como el resentimiento y la ira en torno a una situación. Como parte del proceso se debe dejar de un lado la animosidad y la mala voluntad. Es un acto de valentía, ya que implica dejar de lado la sorpresa a pesar de que no hay justificación para que lo sostiene.

Podemos decir que perdonar también es un arte. Es un proceso que implica el movimiento del corazón y la mente hacia la compasión, misericordia, el amor y la comprensión que nos viabiliza el alivio de miedos, ira y el odio, entre otras. Se trata de la decisión humana ulterior, lo que nos lleva más cerca del ideal humano y divino del Amor y de la Paz. Por lo tanto, fomenta directamente la sanidad de la mente, el espíritu, e incluso el cuerpo como más adelante también hablaremos.

El perdón consigue colocar límite a nuestros pensamientos autos destructivos y negativos. El punto central de perdonar es la decisión de escoger ser libre del dolor de la sorpresa que se produjo en el pasado. Por lo tanto, el auto perdonarse es un paso vital y que debe estar incluido porque ataca la culpa por las acciones pasadas que nos perjudica el balance integral. Definitivamente es una decisión de vida que abre una nueva puerta para experimentar más plenamente el momento presente, que es el único momento en que realmente vivimos. El perdón es el proceso de tomar el poder y el control personal. A través de este retomamos nuestra felicidad. Por lo tanto nuestra felicidad depende en gran parte de nuestras acciones. Esta decisión puede ser tomada en cualquier momento. Por supuesto, es más fácil si la persona se disculpa, o cambia su comportamiento, pero esas cosas no son necesarias para que se produzca el genuino perdón.

Según Enright & Fitzgibbons (2000), una persona pasa de emitir una disculpa al perdón cuando voluntariamente abandona el resentimiento y las respuestas correspondientes (a la que tienen derecho), y tratar de responder al ofensor basado en el principio moral de la beneficencia, que puede incluir la compasión, pena incondicional, la generosidad y amor moral. Algunos consideran que perdonar no solamente incluye que cesen las conductas dirigidas contra el ofensor, sino que incluye la realización de conductas positivas (Wade et al, 2008). Wegner (1994) comenta que es preciso dejar de pensar en las conductas destructivas; pero dejar de pensar en algo voluntaria y conscientemente lo único que consigue es incrementar su frecuencia.

Por otro lado, Pereira dos Santos & Rique (1993) definen perdón como la "capacidad que posee un individuo de convertir una injusticia en una relación de amor para con otros". Para Rita Cabezas (1988) el perdonar no es un sentimiento ni una emoción sino algo sujeto a la voluntad. No se puede extirpar la irritación o el malestar que deja el ultraje y sustituirlo automáticamente por la aceptación pacífica. Las emociones no se fabrican. Desde el punto de vista cristiano, se plantea que la paz del alma la concede Dios. Sin embargo, uno puede decidir y ejercer una voluntad perdonadora, aunque todavía persista el enojo. Es necesario aclarar que cuando se perdona, el primer beneficiado es uno mismo. Es posible que al otro no le importe mi perdón, ni quiera recibirlo, sin embargo, el perdón es válido aunque falte la reciprocidad, por el servicio que presta al yo. Cuando no se perdona es como si el agresor se instalara en el interior de sí mismo, repitiendo la ofensa o la humillación cada vez que se recuerda el hecho. El perdón pone fin a esa tortura permanente.

Haciendo una breve introducción a la próxima sección que habla de la integración del perdón desde una perspectiva bíblica-cristiana, planteamos que en el libro "El poder terapéutico del perdón" publicado por la Editorial Montemorelos en 2010, perdón que definido como proceso de purificación interior. Los rituales del santuario judío, donde se sacrificaba un cordero sin mácula -símbolo de la pureza y la inocencia-, ofrecido por el pecador arrepentido, representaba al "Cordero de Dios, que quita el pecado del mundo", a Jesucristo. Está relacionado con la expiación y la purificación. Todo lo cual hace necesario administrar este remedio para curar las heridas del alma, que no tiene efectos secundarios. En la obra mencionada se indica como perdonar y perdonarse, a través de múltiples ejemplos y lo que enseña la experiencia clínica.

Haciendo un resumen puntual de los conceptos claves primeramente comentamos que el perdón no es un acto único que se hace en un momento dado, es un proceso continuo que se puede ir profundizando y completando a lo largo del tiempo. Por eso se dan varios niveles de perdón (Case, 2005) que se pueden considerar como una serie de tareas que van completando e incrementando el proceso hasta llegar al grado más completo de perdón. El primer paso consiste en dejar de hacer conductas destructivas abiertas y explícitas (como cesar de buscar venganza o justicia, quejarse a todo el mundo, etc.) o encubiertas e implícitas (como desear conscientemente mal al agresor, rezar para que le pase algo malo, rumiar el daño que se ha recibido, etc.). El segundo nivel es hacer conductas positivas hacia él. Completando el perdón, si hay respuestas positivas por el perdonado, se puede llegar a restaurar la confianza en el agresor.

Todo lo que hasta el momento se ha planteado, sirve como base para presentar una sana conexión entre el concepto del perdón y su relevancia terapéutica que también como bien dijimos al principio es foco uno de los focos centrales de este estudio. El Dr. Ryan Howes plantea en su artículo "Four Key Elements of Forgivness" (Cuatro elementos claves del Perdón) que las teorías del perdón son como las cuentas de LinkedIn - todo el mundo tiene uno, pero en realidad nunca lo utilizan. A partir de sus estudios y experiencias personales, el Dr. Howes indica que en su práctica ha visto múltiples veces el perdón mas también con muchos intentos fallidos de perdón aunque otro muy satisfactorios. Sin embargo, los intentos eficaces tienden a compartir cuatro elementos comunes, los cuales son:

1. Expresar las emociones
2. Entender por qué
3. Reconstruir la seguridad
4. Dejar ir

Estos deben ser entendidos como los elementos, y no los pasos que más adelante discutiremos, ya que no es un proceso totalmente lineal o único aplicable a todo el mundo de la misma forma. No obstante, los primeros tres elementos deben ser alcanzados primero de antes de llegar a la etapa de "soltar y dejar ir" (punto 4). Para una mejor compresión de estos elementos, daremos una síntesis de cada uno de ellos

El primer elemento es aprender a "expresar la emoción" de una forma saludable. Amigo, lector cualquiera que sea el delito, la injusticia o la violación, el que perdona tiene que expresar completa y asertivamente la forma en que se sintió en el proceso. Si la transgresión provocó enojo, tristeza o dolor, esos sentimientos deben ser expresados o por el contrario serán reprimidos. Si es posible, se podría expresar directamente al autor de la ofensa. Si no es posible, podría usar una persona simulado, a través del ejercicio de la silla vacía, escribir una carta o gritando en el coche con las ventanillas abajo puede ser suficiente. ¿Esto erradica de usted todos los sentimientos? Probablemente no, pero inicialmente es suficiente como para permitir que usted se centre en las otras áreas.

El segundo elemento clave es "entender por qué". Si este elemento no es satisfecho, nuestro cerebro continuará en la búsqueda de una explicación hasta que la encuentre o la cree. Tal vez no vamos a estar de acuerdo con los fundamentos, pero necesitamos algún esquema mental que explique (por lo menos a nosotros) por qué el acto tuvo lugar. En algunas situaciones, incluso una aceptación de aleatoriedad puede ser un paradigma suficientemente convincente.

La "reconstrucción de la seguridad" es el tercero elemento clave según el Dr. Howes. Este elemento implica que el que perdona necesita sentir, percibir y experimentar un nivel razonable de seguridad de que el acto no debe repetirse. El sentido de seguridad está ligado a la forma en que el autor de la ofensa presenta su disculpa y enfrenta saludablemente el evento ofensivo. Esta seguridad protege el bienestar frente para manejar otras situaciones aunque por supuesto nunca estamos 100% seguros de que no volverá a ocurrir algo similar.

Estos tres elementos son los que nos ayudan a procesar el evento validando lo que siente la persona ofendida, la forma en que la perdona interpreta y entiendo lo que pasó, y evalúa como evitar que vuela a suceder bajo un nuevo sentido de seguridad. Estos tres elementos son los que abren paso al cuarto y final integrante: Dejar ir. Usualmente la decisión de "dejar ir" resulta muy difícil. Dejar ir es hacer una promesa de no guardar rencor. Por ejemplo, en el caso de una relación esto significa que una pareja no se referirá a esa trasgresión pasada de nuevo.

Cuando se trata de perdón, realmente la víctima tiene todo el poder. Así que cuando la persona ofendida renuncia a su deseo de venganza y de retornar al pasado, significa que renunció a la poderosa posición de víctima para permitir la igualdad. El "dejar ir" es hacer una promesa a sí mismo que va a dejar de pensar, reproducir el acto, rumiar y perseverar en lado de la injusticia. Si dejar ir parece imposible, probablemente es debido a que los primeros 3 pasos no están suficientemente completados. Por su puesto hay situaciones y hay situaciones. Muchas son más complejas que otras pero general, perdonar significa volver a un lugar de igualdad. Se promete beneficios para la salud, beneficios relacionales y la fuerza emocional, como ustedes saben, pero también significa renunciar al poder. Tal vez por eso es tan difícil para tanta gente. Sobre estos temas, también hablaremos en los próximos capítulos.

Cerramos este capítulo citando las palabras de Henri Lacordaire que indican: "¿Quieres ser feliz un instante? Véngate. ¿Quieres ser feliz toda la vida? Perdona".

Capítulo II
Elementos Esenciales y Tipologías del Perdón

En todas las relaciones humanas existe la posibilidad de sentirse herido por la conducta del otro, ya sea por cuestiones pequeñas, como algo dicho sin pensar, o más severas, como una traición, situaciones que instalan, de manera más o menos explícita, el tema del perdón. Comenta la Dra. Mónica Guzmán de la Escuela de Psicología de la Universidad Católica del Norte en Chile que "el tema del cobra especial relevancia en las relaciones cercanas, como las familiares, de amistad y de pareja, en las que la presencia o ausencia del perdón puede tener implicancias para la calidad de dichos vínculos. No obstante el tema del perdón se presenta también con especial frecuencia en el ámbito psicoterapéutico".

Jamás podremos aprender a perdonar si no sabemos lo que es el perdón; tampoco si creemos saber lo que el perdón es, pero nuestro concepto dista mucho de la realidad. Es por esto que consideramos necesario ayudar a que quienes sufren la dificultad de perdonar, comprendan la verdadera naturaleza del perdón, sus diferentes tipos, elementos esenciales y factores que facilitan dicho acto. Es muy probable que esto no pueda lograrse completamente al iniciar el trabajo, sino sólo a medida en que el alma progrese en este camino y la persona se exponga al proceso. Para poder integrar en los próximos capítulos, el uso del perdón en el contexto psicoterapéutico, deseamos presentar algunos fundamentos adicionales que darán base a la mencionada integración con el mundo terapéutico.

Elementos del perdón

De acuerdo a la literatura revisada para esta obra, los expertos en el área concuerdan que la acción de perdonar conlleva puntualmente la existencia de las siguientes situaciones o hechos:

1. Existencia de una ofensa de cualquier tipo;
2. Conocimiento de la ofensa por el ofendido, por la "confesión" del propio ofensor o por otros medios;
3. El perjudicado por la ofensa se siente ofendido;
4. Se modifica la actitud del ofendido hacia el ofensor (resentimiento, situación de enfado);
5. Eventualmente se comparte el efecto relacional entre ofensor y ofendido;
6. El ofensor siente y/o manifiesta su vergüenza y/o arrepentimiento;
7. El ofensor reconoce su error y culpa y/o solicita el perdón y/o da una satisfacción al ofendido para hacerse merecedor del perdón; quien pide perdón reconoce ante sí mismo su propio error y culpa, vence su orgullo y se humilla ante el ofendido, solicitándole la gracia del perdón (lo que puede afectar a la autoestima); se arriesga a haber reconocido la culpa o responsabilidad con la probabilidad de que no reciba el perdón solicitado.
8. El ofendido decide perdonar al ofensor y se lo comunica expresa o tácitamente.

Factores que facilitan la obtención del perdón

Aunque el ofendido es teóricamente libre de perdonar o no. Según las definiciones antes expuestas entendemos que el perdón es en teoría un acto graciable que no puede ser exigido más existen algunos hechos o actos que aumentan las posibilidades para el ofensor de ser perdonado.

Algunas de estas acciones son:

- Cuando el ofensor explicita su pesar o arrepentimiento
- Cuando ha solicitado el perdón, sobre todo si se lo hace públicamente
- Cuanto menos grave fuera la ofensa
- Cuando se ha compensado al ofendido por el daño

- Cuanto más importante sea su relación con el ofensor
- Cuando el ofensor manifiesta su ánimo de enmienda
- Cuando el ofendido considera el acto de perdonar como una obligación moral o religiosa

Tipos de perdón

Aun cuando pareciera que hay cierto consenso en lo que debería ser el perdón y el proceso de perdonar, existen varios tipos de perdón que se manifiestan en diferentes contextos, diferentes intensidades y diferentes profundidades

El primer tipo que mencionamos es el perdón pleno/parcial. En el perdón pleno, el perdón que otorga la persona ofendida al ofensor es de tipo "perdona y olvida", es decir, no sólo decide no odiar al perdonado, sino que recupera la relación de confianza o amor con el perdonado, como si la ofensa no hubiera tenido lugar. Sin embargo, en el perdón parcial, el perdonante decide no odiar al perdonado por la ofensa recibida, pero no se recomponen totalmente las relaciones preexistentes.

También existe el perdón condicional/incondicional. En el perdón condicional, el perdonante subordina algunos o todos los efectos del perdón al seguimiento por parte del perdonado de ciertas reglas de conducta o al cumplimiento de cualquier otro tipo de condición. Es decir el perdón está condicionado al cumplimiento de ciertos acuerdos y acciones.

El Perdón expresado/tácito/no expresado es otro tipo de expresión de perdón. Aquí el perdonante puede optar por comunicar expresamente al perdonado la concesión del perdón, o bien por hacérselo ver por hechos más o menos concluyentes, o bien optar por no comunicarle de modo alguno la concesión del perdón.

Los últimos dos tipos son el perdón espontáneo/solicitado y el humano/divino. El perdón espontáneo ocurre sin previa planificación más se da de una forma natural donde no se dan trabas ni se presentan objeciones. Por otro lado, el perdón solicitado es el que se produce tras la petición de disculpas del ofensor, el espontáneo tiene lugar sin tal petición.

En conclusión, el perdón humano/divino es aquel que según sea quien perdona, sea Dios o el ofendido, el perdón será divino o humano.

Tipologías del perdón aplicado a terapia y relaciones humanas

Hay distintos conceptos de perdón terapéutico entre los autores que investigan el tema. La primera clasificación de tipos de perdón que nos parece interesante presentar es la distinción entre el perdón unilateral o intrapersonal y el perdón negociado o interpersonal.

Según Enright y Coyle (1998) y Enright, Freedman y Rique (1994), el perdón es "el deseo de abandonar el derecho al resentimiento, al juicio negativo y a la conducta indiferente hacia quien nos ha herido injustamente, a la vez que se fomentan las cualidades de la compasión, la generosidad e incluso el amor hacia él o ella". Según Andrews (2000) es un proceso que se completa enteramente en el individuo dañado; no necesita de nada ni depende de la posición del agresor. El Dr. Robert Enright (1994), comenta que perdón es "un regalo incondicional que se da a quien ha producido el daño". El acto de perdón es totalmente independiente de las acciones del agresor, en el pasado, en el presente y en el futuro; en este sentido, se puede entender como un acto "completo". Cuando una persona perdona de esta manera, no busca nada del otro, ni en la práctica ni en teoría. El perdón no se dirige al otro porque se piense que perdonándole su conducta cambiará.

Lo que el perdón unilateral es capaz de fomentar en el agresor de arrepentimiento y, por lo tanto, de producir futuros cambios, debe ser irrelevante para quien ha sido ofendido. Otro concepto de perdón es el llamado perdón negociado. En esta perspectiva el perdón se ha definido como "una motivación para reducir la evitación o el distanciamiento de una persona que nos ha herido, así como la rabia, el deseo de venganza y la urgencia para tomar represalias contra ella. El perdón también incrementa el deseo de conciliación hacia esa persona si se pueden reestablecer las normas morales de forma que puedan ser tan buenas o mejores que lo que eran antes" (Worthington, 1998).

La función del perdón como reparación de relaciones o reparación de daño introduce un nuevo concepto de perdón, el "perdón negociado" (Andrews, 2000). Según esta autora, el perdón transpira a través del diálogo real entre el agresor y la víctima. El agresor se identifica con la acción agresiva y busca perdón por ello, lo que requiere tres pasos: la confesión (el agresor debe admitir que ha cometido dicha acción), el reconocimiento (debe asumir responsabilidad por dicha acción con todas sus consecuencias, sin poner excusas) y el arrepentimiento (debe expresar remordimiento por lo que ha hecho). Muchas personas que han sufrido daño podrían estar dispuestas a perdonar a quienes les han herido si los agresores admitieran su acción, asumieran su responsabilidad y mostraran contrición. En ausencia de estos pasos, sin embargo, la parte dañada podría renunciar a perdonar, creyendo que no se han dado los prerrequisitos para que el perdón tenga lugar.

Otra clasificación de tipos de perdón que se ha manejado en las investigaciones sobre este tema es la distinción entre el perdón disposicional y el perdón específico. McCullough y Worthington (1999) mostraron que el perdón puede ser medido como una disposición general a perdonar, mediante ítems sobre el valor que conceden al perdón y su percepción sobre su facilidad para perdonar; estaríamos hablando, en este sentido, de lo que algunos autores llaman “personalidad perdonadora” y estaríamos evaluando el perdón como un rasgo estable de personalidad. Sin embargo, también puede ser entendido como una actuación específica ante una agresión particular, evaluando hasta qué punto han perdonado a un agresor concreto que les ha herido. Es de suponer que las opiniones, creencias y actitudes reflejadas en el perdón disposicional se reflejen en un nivel mayor de perdón específico. Sin embargo, esta distinción entre ambos tipos de perdón ha permitido identificar fenómenos como la discrepancia religión-perdón, mostrándose que las creencias religiosas se asocian de forma distinta con los dos tipos (Edwards et al., 2002; McCullough y Worthington, 1999).

Aun cuando el tema ha cobrado cierto interés mayor en los últimos años, los estudios sobre el tema han profundizado en terminología, clasificaciones y amplio entendimiento del poder que el perdón tiene para individuos, parejas y familias. No obstante, y hablando en términos general, existen ciertos mitos entre las personas acerca de lo que es y no es perdonar. Por eso le dedicamos un capítulo entero a desenmascarar a estos "gigantes" que a continuación es presentado.

Capítulo III
Mitos Y Realidades Sobre El Perdón

El perdón no es la tolerancia de un mal comportamiento o la justificación de un delito. No depende de disculpa, o si la persona nunca se habló de nuevo. Entienda que el perdón no significa poner la otra mejilla para que la infracción ocurra de nuevo por tanto no exige la reconciliación. La reconciliación, que es la unión de dos partes después de un malestar, no es necesariamente el resultado de perdonar. Una persona puede perdonar y optar por no ver a la persona de nuevo para protegerse de comportamientos abusivos.

A nuestro entender este es el mayor de los mitos acerca del tema del perdón. Como una parte esencial de este libro es poder educar y llevar a un convencimiento san acerca de la importante decisión de perdonar y ser libre, a continuación les presentamos unas listas de los mitos y pre-concepciones más famosas relacionadas al tema.

Mitos y Pre-conceptos sobre el perdón

En los artículos y libros encontrados sobre el tema además de la experiencia clínica personal, identificamos los siguientes como los principales mitos a vencer.

- No depende de la persona que está viva o necesitamos volver a verlos.
- Perdonar no es perder. Perder es tener que lidiar con el estrés de la ira y el odio en su vida. El guardar estos sentimientos tóxicos puede causar problemas físicos.
- Perdonar no es el camino más fácil. Se necesita más coraje, autenticidad e integridad de dejar ir un malestar justificado y encontrar la paz. Se necesita coraje para ir a través de la pared

de la ira y el resentimiento hacia el otro lado, la parte de nuestra posibilidad más alta como un ser.

- Las disculpas delincuentes o no sinceras no son necesarias. De hecho, puede ser que no siempre se piden disculpas inicialmente porque se tienen perspectiva diferente de lo que sucedió.
- Evaluar si la persona por sus méritos se merece el perdón.
- Aunque el perdón puede ser un acto de compasión por otro, también puede ser principalmente para el que perdona.
- A pesar de que siguen haciendo la ofensa, el perdón todavía puede ocurrir, porque el perdón borra el efecto del pasado.
- Ojos que no ven corazón que no siente. Tampoco olvidar no significa que hubo perdón.
- El perdón reconoce lo que se hace y decide dejarlo ir, pero no a través de evitar su impacto en nosotros. Evitar sólo mantiene los efectos negativos que se producen por debajo de la superficie de la mente.

Las 13 creencias que impiden perdonar

Según el Dr. Jim Dincalci, autor y fundador de la Fundación Internacional de perdón, existen tabúes sociales y mitos emocionales alrededor del tema del perdón que impiden que se utilice. Las presentaciones de estos "mitos" pueden ayudarle a estar dispuestos a perdonar, el cual es el primer y más importante pasos en el viaje hacia el perdón. Cada uno de estos mitos puede provocar que una persona permanezca años de sufrimiento. La siguiente lista no aparece en ningún orden particular de importancia.

Mito 1: Ellos no se lo merecen: Puede que tengas razón o no. Sin embargo, usted está perdonando por el bien suyo mismo inicialmente, para su beneficio y en pro de sus relaciones. Constantemente vemos recibir el perdón de quienes no lo merecen.

Mito 2: Antes de que yo perdone, necesito una disculpa: Usted se corre el riesgo de quedarse esperando para siempre y no conseguir la declaración de culpabilidad que desee. La persona que causó el trastorno puede tener una perspectiva diferente de lo que pasó y siento que una disculpa es innecesaria. De hecho, él o ella podrían esperar una disculpa por parte de usted también. Perdonar significa que usted recupera su propia felicidad y la paz de la mente, y no se mantiene dependiente de sus acciones.

Mito 3: Si yo perdono, voy a terminar tolerando o justificando la ofensa: El perdón no está tolerando el mal comportamiento o justificando un delito. Como el Dr. Fred Luskin señala en su libro "Forgive for Love" (perdona para amar), él nos aconseja que si pensamos que lo que se hizo está bien, concluiremos que perdonar no es necesario. Se necesita perdón cuando nos sentimos heridos y existen quejas formales.

Mito 4: La gente va a pensar que soy débil por dar a la otra persona la victoria: Es común pensar en esto pero pensemos que clase de "victoria" es esta cuando se está llevando el odio y la ira y los problemas fisiológicos que se generaron.

Mito 5: La persona ya no es nada más en mi vida, así que no tengo que perdonar: Algunas personas piensan que si está "fuera de la vista, está fuera de la mente". Pero realmente esto no es cierto cuando máxime aun llevas las emociones perturbadoras, las ideas y la lesión se mantiene viva en ti. Aunque el perdón puede ser un acto de compasión por alguien que está desaparecido o ya falleció, es principalmente un acto para aliviar la tortura auto-infligida del odio y la ira.

Mito 6: Yo no tengo que perdonar porque no quiero volver a verlos: Como ya mencionamos antes, perdonar no significa reconciliación. Una persona puede perdonar y puede optar por protegerse de un comportamiento abusivo por lo que decide no volver a ver a esa persona otra vez.

Mito 7: Me va a lastimar de nuevo si lo perdono: Perdonar no significa poner la otra mejilla para que el delito se produzca de nuevo. El significado original de Jesús de " poner la otra mejilla ", fue para mostrar su fuerza en su fe. Su significado más amplio incluye el perdón, pero no se limita a ella. Cuando una relación se ha llegado al punto de abuso físico está ya en serios problemas. Se necesita ayuda exterior. El establecimiento de límites sobre el uso indebido es urgente. Trabajar con una relación violenta requiere de al menos un psicoterapeuta entrenado específicamente en esta área. No es un trabajo que se hace solo. Debe protegerse e incluso el abuso emocional tiene que ser detenido.

Mito 8: Hay mucho que perdonar: A veces, una persona, grupo u organización es demasiado difícil de perdonar porque él o ella o ellos hizo mucho. El principio de perdonar sigue igual. Libérate del control y sentimientos de venganza y déjalo ir. Puedes perdonar a toda la lista si se lo propone. Recuerde que esencialmente lo hace por usted mismo.

Mito 9: Lo he intentado, pero no puedo: Puede haber muchas razones por las que "no acontece el poder perdonar", pero eso no significa que no se puede hacer. Usted está ganando las herramientas ahora para tener éxito en perdonar. A veces una persona va a perdonar y luego lo lamenta. Creo fielmente que el contenido de este libro te va a ayudar a vencer estos mitos.

Mito 10: Estoy muy enojado o el daño fue demasiado: Es esencial en el proceso de perdonar ser consciente de los sentimientos. Usted puede ver los efectos de un exceso de emoción en la violencia causada por la ira. Cada vez que aparezca la ira y la hostilidad de toda la fisiología entra en estrés. No obstante las investigaciones demuestran que cuando las personas deciden tratar el dolor o la ira con perdonar, se mueven a través del proceso de sanidad con mayor rapidez. Permitir que la ira y el resentimiento se mantengan para no perdonar no es una solución que funciona.

Mito 11: Sólo quiero olvidarlo mas no puedo hacerlo: Al perdonar, no se les pide a la gente olviden lo ocurrido. Por el contrario, es importante recordar para no permitir que tales atrocidades se repitan. Dijo el Obispo Desmond Tutu en su libro "No habrá futuro sin perdón" que "Perdonar no significa aceptar lo que se ha hecho. Significa tomar en serio lo que pasó sin minimizarlo. Es extraer un aguijón en la memoria que amenaza a toda nuestra existencia".

Mito 12: Sólo Dios es quien perdona y se ocupará de ellos: No es cierto que usted no tiene que hacer nada, porque de todas maneras tendrá el malestar afectándolo a usted mientras espera el "castigo divino" del ofensor. Esto no le exime de la decisión que debe tomar y no garantiza que Dios está de acuerdo con usted. Aunque la Biblia enseña en cómo Dios puede juzgar a alguien, en realidad, no nos es posible conocer la perspectiva total de Dios. Por lo tanto, todo lo que podemos hacer es nuestro trabajo y dejar que Dios haga su parte como Dios.

Mito 13: No puedo perdonar porque siguen haciéndolo: Este es probablemente el más difícil de todos los mitos de pasar. Si una persona continúa hiriendo sus sentimientos intencionadamente o por ignorancia, inconciencia, por costumbre o porque no conocen nada mejor que hacer, el perdón se hace más difícil. No obstante recordemos que el perdón borra el efecto del daño y trae beneficios aun cuando hayan pasado solo 15 minutos.

Definitivamente, hemos puesto una piedra fundamental acerca de lo que es el perdón, elementos esenciales, factores facilitadores y los mitos y realidades acerca del tema. Entendemos que ahora es momento para presentar la integración del perdón en el proceso

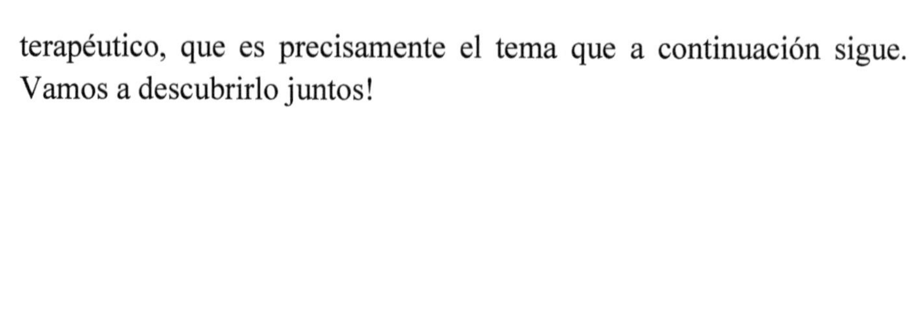

terapéutico, que es precisamente el tema que a continuación sigue. Vamos a descubrirlo juntos!

Capítulo IV
El Uso Del Perdón En El Contexto Terapéutico

Como bien decíamos al inicio de este trabajo, el desarrollo de una amplia apreciación del tema del perdón al mundo terapéutico tuvo varios escollos. Obviamente, el perdón viene con muchas ideas falsas, de las cuales si se presentan si un criterio claro podrían dañar una relación terapéutica y llevar a la persona a otro proceso errado o a la revictimización.

Los terapeutas frecuentemente se ven involucrados en conversaciones que guardan relación con sentimientos de dolor y con el perdón en relaciones significativas: si perdonar o no a un padre que ha estado ausente, si perdonar o no a una pareja que ha sido infiel (Legaree, Turner & Lollis, 2007). Sin embargo, pese a que la reparación de relaciones dañadas es una de las motivaciones para buscar ayuda psicológica, llama la atención que el perdón no se haya constituido en un foco privilegiado de estudio teórico y empírico, sino solo hasta hace un par de décadas.

Partiendo desde un interés originalmente circunscrito a los ámbitos religioso, antropológico y filosófico, la motivación por el estudio del perdón se ha ido moviendo progresivamente hacia el área de la psicología y, dentro de esta, a la psicología clínica. El interés dentro de este campo se ve reflejado en el creciente número de artículos que describen modelos de intervención tendientes a abordar este tema, especialmente con parejas y familias (Gordon & Baucom, 2003; McCullough & Worthington Jr., 1994; Ripley & Worthington Jr., 2002; Rye & Pargament, 2002).

Dicha motivación se ha fundamentado en dos aspectos. Por un lado, se ha consignado al perdón como un aspecto crítico en el proceso de recuperación de transgresiones mayores, como la infidelidad en el caso de una pareja. El perdón, según algunos autores, sería clave para la comprensión de cómo las personas son capaces de mantener relaciones interpersonales satisfactorias (Allemand, Amberg, Zimprich & Fincham, 2007; Fincham, Hall & Beach, 2006; Karremans & Van Lang, 2004).

Por otro lado, un grupo importante de estudios ha recogido evidencia acerca de la asociación entre el perdón y la salud, tanto física como emocional (Bono, McCullough & Root, 2008; Thompson et al., 2005; Toussiant & Webb, 2005; Tse & Yip, 2009; Worthington Jr. & Scherer, 2004). De hecho, parte del interés por el estudio del perdón se ha enmarcado dentro de la psicología positiva (Casullo, 2008; McCullough & Witvliet, 2002), corriente que enfatiza el estudio de las virtudes y fortalezas humanas y su incidencia sobre la calidad de vida de las personas (Seligman, 2002).

Los estudios de Freedman y Chang son una brillante prueba con respecto a los entendimientos comunes que la gente tiene del perdón y de sus experiencias con ser herido en relaciones personales. Los autores informan que, aunque mucha gente ve la reconciliación como parte del perdón, cuando se le preguntó directamente acerca de las diferencias entre estas dos ideas, la mayoría de las personas no son capaces de distinguirlos. Sus estudios también comentan que la mayoría de las personas en terapia que fueron entrevistadas informaron que ellos tienen un concepto amplio de lo que es perdón, eliminar una transgresión y las razones que tienen o no han perdonado a las personas que las han lastimado. La comprensión de estos conceptos es crítico para ayudar a los clientes avanzar hacia el perdón en terapia. Sin una idea clara de lo que es el perdón y los obstáculos al mismo, es difícil para el cliente para lograrlo y para el clínico poder facilitarlo.

Aun con estas explicaciones muchas personas dentro del campo de la salud y tratamiento mental dudan si el perdón puede ser una herramienta poderosa de transformación. Sin embargo, en un estudio que hicieron Wade, Worthington & Meyer (2005) demuestra que el asesoramiento para promover el perdón ayuda a las personas a alcanzar estabilidad. Al mismo tiempo, también puede tratar los problemas psicológicos comunes como la depresión y la ansiedad. Sin embargo, a pesar de los avances en el ámbito de las intervenciones de perdón, muchas preguntas siguen sin respuesta.

Sandage & Worthington (2004) procuraron descubrir los mecanismos de cambio que ayudan a las personas a alcanzar el perdón. Una de los primeros hallazgos fue el desarrollo de la empatía para la persona ofensora. Por ejemplo, McCullough, Worthington & Rachal (1997) proponen una serie de estudios que cuando las personas perdonan, es necesario desarrollar una sensación de compasión y una comprensión desde la perspectiva de la persona que lastimó. Como seguimiento al estudio original, Sandage & Worthington (2004) hicieron otros estudio que comparó la eficacia de una intervención centrada en la promoción de empatía con uno que no lo hizo. Aunque los dos tratamientos no difirieron en la cantidad de participantes que otorgaron el perdón en el transcurso de la intervención, el análisis final sugirió que todos los participantes, independientemente de su intervención, lograron perdonar principalmente mediante el desarrollo de la empatía para la persona que los ofendió. Encontraron que las tendencias de los participantes hacia la culpa y la vergüenza (como un rasgo general) estaban relacionadas con el desarrollo del perdón. Estos resultados proporcionan hechos importantes para responder a la pregunta de lo que es eficaz y no para los terapistas que trabaja en intervenciones destinadas a promover el perdón.

Otras investigaciones como las de Blocher & Wade relacionadas con el eficacia de las intervenciones de perdón y su efecto a largo plazo de las intervenciones para promover el perdón. Hasta este punto, la mayoría de los estudios revelaron que el efecto a largo plazo del perdón alcanzo sólo en el plazo máximo de seis meses. No obstante, Blocher & Wade evaluaron a los participantes por más de dos años después de su participación en una intervención perdón. Los participantes reportaron que habían conservado los efectos de la intervención en términos de reducción de reacciones negativas y sentimientos contrarios hacia la persona ofensora, deseos de venganza y los síntomas psicológicos generales. También examinaron posibles diferencias entre una intervención diseñada específicamente para promover el perdón y una intervención más general. Aquí los resultados fueron mixtos. Conforme a los hallazgos estadísticos, no parece haber ninguna diferencia significativa entre los tratamientos en torno a la cantidad de perdón alcanzados. Sin embargo, basado en los testimonios parecería que los participantes reciben más beneficios indirectos que los explícitos del tratamiento perdón.

Sin embargo, muchos de los tratamientos alternativos no son consideradas intervenciones psicoterapéuticas reales, sino que son considerados tratamientos " placebo". Cuando éstos se comparan con verdaderas intervenciones psicológicas, los resultados son mucho menos claros. Exactamente lo que mejor funciona es aún desconocido. Sin embargo, el estudio de Blocher & Wade muestra que las intervenciones perdón explícitos son al menos tan eficaz como las terapias más tradicionales y que los efectos duran más allá de dos años.

Worthington y su grupo de investigación dieron también una aplicación transcultural única a las intervenciones asociadas al perdón. Ellos presentan en sus resultados los hallazgos asociados a la promoción del perdón terapéutico en el país de Filipinas donde las intervenciones se adaptaron a la cultura, al lenguaje cristiano-religioso y a la simbología social. Ellos encontraron que en varios escenarios en las Filipinas, las personas informaron significativa la reducción de la motivación para buscar venganza en contra de la persona ofensora. Este estudio demostró que la eficacia de la adaptación establecida en las intervenciones en diferentes contextos culturales y religiosos es crucial. Este importante trabajo dentro de la psicología intercultural y multicultural ha demostrado la falacia de creer que un concepto, una teoría o una intervención caben igual en todas las personas, en todo momento y en cualquier lugar.

Esta serie de investigaciones muestran la madurez del proceso investigativo sobre el tema del perdón, sobre todo en la solicitud de integrar el perdón en entornos clínicos. Aunque mucho aún se desconoce acerca de la intervención con los clientes para promover el perdón, no hay pruebas suficientes para proporcionar una base sólida por lo que hay que continuar la investigación y la obra clínica en esta área. Puntualmente podemos decir que a partir de estos hallazgos podemos decir que aún existen algunos errores de percepción en las personas más ellos suelen reportar que hay una diferencia entre el perdón y la reconciliación (basado en Freedman & Chang), que la empatía parece ser un factor determinante en el proceso del perdón después de la intervención (Sandage & Worthington), que los resultado de las intervenciones para promover perdón puede durar en el largo plazo (según Blocher & Wade), y que el perdón en intervenciones terapéuticas pueden adaptarse con eficacia a otras culturas (Worthington et al).

La investigación aquí y la creciente investigación sobre el perdón y la terapia proporcionar una guía útil para la comprensión y aplicación de las intervenciones para ayudar a los clientes a superar las heridas del pasado y lograr la paz y la resolución. En el siguiente capítulo, presentaremos algunos modelos acerca del proceso de perdón terapéutico y las distintas etapas pre, durante y posterior a la decisión de perdonar.

Capítulo V
El Proceso De Perdonar

Para una mejor comprensión del proceso del perdón y su integración al mundo de la terapia, hemos diseñado un Capítulo específico para hablar sobre los distintos modelos procesales donde el perdón es integrado sistemáticamente a la experiencia terapéutica de una persona. Como bien hasta el momento se ha hablado, el tema del perdón en terapia ha tenido su reciente auge más al igual que en otros temas de la psicología moderna, existe un amplio espectro de escuelas y modelos que buscan todas explicar que es el fenómeno de perdonar y cuáles son los pasos adecuados para la consumación de dicha decisión.

Según uno de los gigantes del estudio del perdón terapéutico, el Dr. Roberto Enright de la Universidad de Madison-Wisconsin, que junto a su equipo investigativo desarrollaron el modelo de cuatro etapas de desarrollo del perdón (Enright & Fitzgibbons)

La primera etapa es llamada "Destape". Aquí se busca comprender si la injustica y subsecuente herida compromete su vida y de qué manera. La persona es llevada a enfrentar la ira y la vergüenza. De esta forma va a estar consciente de un potencial agotamiento emocional y la excesiva preocupación cognitiva. El terapista lleva a la persona a enfrentar la posibilidad que la ofensa pueda representar un cambio permanente para él o ella. Por eso es necesario descubrir cómo la falta cambió la manera de ver el mundo.

Como segunda etapa, encontramos el momento de "Decisión". Es importante dentro de este momento del proceso lograr un entendimiento certero de lo que es el perdón, y tomar la decisión de perdonar con base a este entendimiento.

Una vez la decisión está tomada bajo este significado, viene el "Trabajo" como tercera etapa. Inicialmente, el objetivo de esta etapa es lograr un entendimiento más profundo de quien ofende y comenzar a observar a éste bajo una nueva óptica (re-encuadre), resultando en un cambio positivo de afecto hacia quien ofende, hacia sí y hacia la relación. Se aprende a mostrar empatía y compasión, a soportar el dolor y a otorgar el don moral del perdón.

Como etapa final , nos encontramos con "profundizar" la cual implica encontrar significado en el sufrimiento (crecimiento posterior al sufrimiento). Por ende, hay que considerar una contraparte: las veces que hemos necesitado el perdón de otros. Aquí la persona entiende que no está sola en el mundo. Estar conscientes que el perdón nos permite sentirnos más conectados con los demás y experimentar un descenso en las emociones negativas es lo finalmente ha transcender a la persona.

Cuando perdonar

Esta es una de las preguntas que más pueden hacer las personas sea en terapia o en contextos religiosos-cristianos. Estas preguntas puede venir de varias formas más siempre apuntan a las grandes disyuntivas: ¿Soy yo el que debo perdonar? ¿Se merece esta persona que yo lo perdone? ¿Y qué pasa si vuelve a ofender? Esta sección del capítulo intentara contestar estas y más preguntas centrales que pueden surgir ante la propuesta de dicho proceso profundo y personal.

Primeramente, si el daño que se ha recibido trasciende el hecho emocional de sentirse injustamente tratado y lo único que se va a conseguir del otro es una compensación emocional, el perdón está plenamente indicado. También, cuando la búsqueda de la reparación se ha convertido en el centro de la vida del ofendido o interfiere con el seguimiento de otros valores, el perdón le permitirá poner distancia emocional para tener en cuenta todos los valores personales que está dejando de atender. Hay que tener en cuenta que no se trata de ponerse en riesgo de que el daño se pueda volver a repetir.

Basado en esta síntesis, a continuación proponemos uno de los modelos que explica etapa por etapa el proceso terapéutico del perdón

Primera etapa: Análisis y reconocimiento del daño sufrido

Este proceso inicia con un profundo análisis de lo ocurrido, incluyendo el reconocimiento del daño que se ha recibido. Es crucial reconocer que se ha recibido un daño que duele, y aceptar ese dolor y no buscar minimizarlo. Se debe hacer de la forma más objetiva posible, lo que va a permitir un distanciamiento emocional y los primeros pasos para entender las motivaciones del ofensor. El completar esta etapa satisfactoriamente establece un comienzo para construir una cierta empatía hacia el otro la cual es la base del perdón. También han de analizarse con detalle las circunstancias que han influido como motivaciones para hacer daño, porque una atribución externa, inestable y específica del daño contribuye al perdón (Hall y Fincham, 2006) frente a la atribución interna, estable y global que lo dificulta.

Segunda etapa: Elegir la opción de perdonar

El perdón para la "víctima" u ofendido es siempre una buena opción en cualquier caso. Steven Hayes propone una metáfora donde compara el "no perdonar: como estar atrapado a un anzuelo. Obviamente implica su metáfora que escoger vivir atrapado por el "anzuelo" nos coloca en una situación permanente de sufrimiento. Hayes describe que "Quien nos ha hecho daño nos ha clavado en un anzuelo que nos atraviesa las entrañas haciéndonos sentir un gran dolor. Queremos darle lo que se merece, tenemos ganas de hacerle sentir lo mismo y meterle a él en el mismo anzuelo, en un acto de justicia, que sufra lo mismo que nosotros. Si nos esforzamos en clavarle a él en el anzuelo, lo haremos teniendo muy presente el daño que nos ha hecho y cómo duele estar en el anzuelo donde él nos ha metido. Mientras lo metemos, o lo intentamos, nos quedaremos dentro del anzuelo. Si consiguiéramos meterle en el anzuelo, lo tendríamos entre nosotros y la punta, por lo que para salir nosotros tendremos que sacarle a él antes."

Un cuidado que se desprende de esta enseñanza es que si salimos del anzuelo, debemos tener cuidado de no estar muy cerca de él porque nos puede volver a atrapar el anzuelo y si alguna vez nos juntamos con el ofensor, tiene que ser con la confianza de que no nos va a volver a hacer daño. Pero no es la opción de no sufrir lo que justifica una elección, sino una opción basada en los valores de la persona (Hayes et al, 1999). Hay que tener en cuenta que se trata de valores como los define la terapia de aceptación y compromiso. Este modelo implica que las decisiones tienen consecuencias deseadas a muy largo plazo, y no solamente como valores morales o éticos. Cuando hemos dejado a un lado esos valores para centrarnos en la venganza y le hemos dedicado tiempo y recursos, esta desbalanceada atribución pueden estar afectadas otras áreas de nuestra vida. Es en los valores afectados por la concentración en vengarnos en los que tenemos que encontrar los motivos para elegir perdonar.

Tercera etapa: Aceptación del sufrimiento y de la rabia

El perdón no supone que se rechacen y esté mal tener sentimientos de rabia, de ira o deseos de venganza, aunque a algunos pueda parecerles que el perdón lo implica (Wade et al, 2008). El problema no está en tener esos sentimientos o pensamientos, sino en actuar dejándose llevar por ellos en contra de los valores e intereses más importantes en ese momento (Hayes et al, 1999). Podemos tener emociones, pero las emociones no pueden tenernos a nosotros. La idea central aquí es abrirse a sentir el sufrimiento, la rabia, la depresión y cualquier pensamiento, sentimiento, sensación o emoción que surja asociado al daño recibido, sin ninguna defensa; mientras nuestra acción sigue el compromiso con los valores que en ese momento sean más relevantes (Hayes et al, 2004).

Si se ha elegido la opción del perdón, para llevarlo a cabo es preciso aceptar, en el sentido expuesto, los pensamientos, sentimientos, sensaciones y emociones. Dentro de esta etapa, la aceptación es un proceso que definitivamente lleva a un cambio profundo; pero hay que tener en cuenta que su objetivo no es la extinción del sufrimiento, sino el compromiso con los valores personales y el fortalecimiento de la acción comprometida con ellos.

Cuarta etapa: Establecer estrategias para auto protegerse

Contrario a lo que muchos piensan, el perdón no implica la aceptación incondicional del peligro de que ocurra de nuevo el ataque. En el análisis de lo ocurrido hay que incluir también la consideración de cómo los comportamientos de la víctima que han podido permitir o favorecer la ofensa (Case, 2005). Analizando lo que ha ocurrido, la víctima se puede dar cuenta de cuáles eran los indicios o señales que indicaban el peligro, conciencia que ayudaría a evitarlo en el futuro.

Quinta etapa: Otorgar una expresión explícita de perdón

La expresión explícita del perdón es un paso importante aunque algunos pacientes puedan pensar que es solamente simbólico y vacío de contenido. Se pueden articular muchos ritos o maneras hacerlo. Esta importante acción la cual es una explícita, no es el final del proceso de perdón, sino la oficialización del inicio. Hay que tener en cuenta que es preciso volver a repetir el proceso siempre que sea necesario, ya que el ofendido no está libre de que le aparezcan de nuevo los pensamientos, emociones, sensaciones y sentimientos asociados a la ofensa. Cada vez que surjan de nuevo los pensamientos, sentimientos, sensaciones y emociones asociados a la ofensa, se tienen que repetir todos los pasos mientras sea necesario.

Otros acercamientos acerca del proceso del perdón integran, no solo aspectos terapéuticos, si no también principios cristiano-religiosos (Zettle y Gird, 2008). Aunque este libro incluye otros capítulos acerca de la perspectiva cristiana acerca del perdón podemos decir que para los cristianos, Cristo vino al mundo a perdonar los pecados de todos los hombres, ya estamos perdonados por Dios y solamente hace falta pedir perdón.

La petición de perdón la ha articulado la religión católica en una serie de pasos dentro de la administración clásica del sacramento de la penitencia, los cuales son:

1. Examen de conciencia
2. Dolor de corazón
3. Propósito de la enmienda
4. Decir los pecados al confesor
5. Cumplir la penitencia.

Siguiendo esta pauta e integrando los aspectos terapéuticos, podemos decir que el proceso de pedir perdón dentro de este modelo comienza igual al anteriormente expuesto. Ambos iniciar el proceso con un análisis de lo que ha pasado, de las circunstancias, los motivos y emociones que han concurrido en lo el daño que hemos hecho y de los efectos que ha causado. No obstante, ya en este modelo se integra un elemento transcendental: arrepentimiento. El arrepentimiento debe incluir un dolor por el sufrimiento causado que no puede quedar solamente en palabras, sino que ha de articularse en acciones comprendidas en un plan concreto que permitan que aquello no vuelva a ocurrir y que restituyan el mal realizado.

Entonces ahora profundizando en esta línea y dejando a un lado las connotaciones ideológicas y religiosas del perdón que serán atendidas más tarde, desde un punto de vista terapéutico la petición de perdón se puede hacer siguiendo los siguientes pasos:

Paso 1: Reconocer que lo que hizo causó daño u ofendió al otro

No es obvio que el que nos ha ofendido sea plenamente consciente del daño que ha hecho y del sufrimiento que está teniendo su víctima (Case, 2005). El proceso de reconocerlo supone un acercamiento profundo al otro, con comprensión y empatía, y un establecimiento de una comunicación que no se basará en disculparse o evitar las consecuencias o el castigo por lo que ha hecho. Esto permite al otro expresar su sufrimiento de forma plena. Este proceso es positivo cuando se hace mientras se va informando al otro de lo ocurrido.

Paso 2: Sentir de verdad el dolor del otro

Para pedir perdón es preciso ser consciente de que se ha hecho un daño importante al otro. Ponerse en su lugar y acercarse a sus sentimientos puede llegar a hacer sentir de verdad el dolor del otro.

Paso 3: Analizar su propia conducta

Para el ofensor, saber cómo y por qué hizo lo que hizo es interesante en sí mismo. Compartir ese conocimiento con la otra persona es un paso necesario para avanzar en el proceso de pedir perdón y llegar a la reconciliación. Hay muchísimas razones por las que alguien decide hacer daño, mas ninguna será aceptable para una víctima. En consecuencia, no se trata de encontrar excusas a sus actos, sino de establecer una base para poder realizar la siguiente fase: elaborar un plan que impida que vuelva a ocurrir (Case, 2005). Es preciso reconocer también el papel que han jugado las circunstancias, pero no para quitarse culpas y echárselas a otros.

Paso 4: Definir un plan de acción para que no vuelva a ocurrir

En esta etapa se debe definir un plan de acción concreto para que nunca vuelva a ocurrir y compartirlo con el otro es el siguiente paso para pedir perdón. El plan puede incluir acciones dirigidas a mejorar las debilidades propias que han propiciado el daño realizado. Todo el plan ha de hacerse indicando los objetivos operativos, el tiempo y los medios que se van a dedicar a conseguirlos. No se trata de establecer solamente buenas intenciones, las acciones han de ser concretas y se han de establecer los tiempos y los recursos necesarios para hacerlas. En resumen, es preciso comprometerse con llevar a cabo el plan y seguirlo.

Paso 5: Pedir perdón explícitamente al otro.

Los pasos anteriores han de ser compartidos con el otro y han de comunicársele para que la petición de perdón sea explícita y llegue al otro, mostrando que no son palabras vanas, sino que están articuladas en un plan y en un compromiso de lucha por la relación. Realizar un acto simbólico en el que se pida perdón al ofendido es importante para que el perdón quede muy claro y presentado

Paso 6: Restituir el daño causado

Siempre que sea posible, es preciso restituir el daño causado. No sería de recibo pedir perdón y quedarse con las ventajas que se han obtenido de la ofensa. No siempre la reconciliación es parte del proceso e inclusive ni siempre se recomienda. Obviamente hay casos y hay casos más de entrada es nuestro interés poder quitar el peso en las personas que escogen perdonar el hecho que sienten o creen que la reconciliación es un paso obligatorio y que sin este el proceso no estará completo.

Tan importante y transcendental decisión, tiene sus beneficios no solo en lo emocional mas también impacta nuestra salud en un sentido amplio e interesante. Es por esta razón que deseamos incluir una especial sección acerca de los beneficios a la salud que trae el perdón. Esperamos que lo disfrutes a continuación.

Capítulo VI
Perdón Y Sus Efectos A La Salud

Una vez teniendo en claro las definiciones del perdón, su integración a la terapia y los pasos del proceso, se debe tomar en cuenta sus beneficios para el organismo desde el punto de vista bio-psico-social. Según Chopra (2008) el ser humano es el único animal que siente culpa y vergüenza. En esta afirmación, el autor destaca la combinación de una inteligencia racional con la emocional.

Es precisamente, esa inteligencia racional, la que permite la evaluación cognitiva de las consecuencias de la conducta emitida (ofensa) y el procesamiento de la información emocional que llega al cerebro. Basado en esto, el perdón es una alternativa que permite "regular" hasta qué punto la persona deja que aquel hecho significado como ofensa lo afecte y si lo afecta a que intensidad será. En otras palabras, no se olvida el hecho más se aprende a vivir y a desarrollar la capacidad de resiliencia ante las adversidades. La resiliencia es un concepto psicológico que define la capacidad de las personas de sobreponerse a la adversidad y ser fuerte en las crisis.

Rivas Lacayo (2009), presidenta de la Asociación Latinoamericana de Desarrollo
Humano y de la Asociación de Orientación Holística de la República Mexicana y autora del libro "Saber Crecer" afirma que "sin perdón no podemos crecer ni fortalecernos en la adversidad. No logramos tampoco ser residentes. Algunas personas mantienen su dolor al rojo vivo para demostrar al mundo lo mal que han sido tratadas, sin querer darse cuenta de que se dañan ellas mismas al hacerlo. Cuando nos aferramos al dolor, la autocompasión empaña la capacidad de dar a los demás y asumiendo el papel de mártires, nos sentamos a esperar que alguien mágicamente resuelva nuestra vida".

Para Rivas Lacayo (2009), el perdón ayuda a reconocer y admitir que se es frágil y que no se necesita ocultar la debilidad." Al hacernos consientes de nuestros límites evitaremos que la experiencia se repita" Tomando en cuenta lo anterior, en donde se visualiza el perdón como una capacidad reguladora de las emociones y de sobreponerse ante el dolor. Para Luskin (2008), el principal beneficio del perdón es la reafirmación de que no somos víctimas de nuestro pasado. Ciertamente el pasado influye en el presente. El perdón brinda la clave para reconocer el pasado como una experiencia y seguir adelante. Concluye diciendo que "cuando se perdona se teme menos en la vida".

Un beneficio implícito en esta propuesta es que el perdonar desarrolla y fortalece la autoestima. Es decir, la persona se hace más fuerte y aprende que le conviene y que no le conviene. Más aun, dentro de este aprendizaje beneficioso se puede aprender en cómo se puede ayudar a los demás. Según Luskin (2008), pocos conocen el poder que da un ejemplo de perdón. Se puede ayudar a muchos mediante el ejemplo de cómo enfrentar la adversidad y el dolor. Perdonar es una acción que demuestra fortaleza y la misma puede ser un ejemplo poderoso para muchos.

El tercer beneficio del perdón, nace del amor y del cuidado que se ofrece a las personas importantes en la vida. Generalmente las personas que sufren por la aflicción de las víctimas, no son la que han lastimado, sino las que se preocupan por el sufrimiento del ofendido. El perdón terapéutico se percibe como una herramienta de liberación, de aquellas emociones negativas que alteran los pensamientos y en consecuencia los sistemas inmunológico, endocrino y nervioso.

Dr. Jim Dincalci ha invertido más de 15 años desarrollando un método de orientación y capacitación para ayudar eficazmente a los demás a tener una experiencia de transformación de vida a través de aprender a dejar de lado rencores, resentimientos y emociones negativas . Los resultados en sus estudios científicos, han demostrado que el perdón:

- Reducir la depresión
- Aumentar la esperanza
- Disminución ira y la ansiedad
- Sanar las relaciones
- Aumentar emocional confianza en sí mismo
- Mejorar la compasión
- Aumentar el crecimiento personal
- Mejorar la calidad de vida

Otros estudios consultados para el desarrollo de este trabajo también revelan otros poderosos beneficios que a continuación les resumimos:

- Las personas que son más tolerantes informe menos problemas mentales y de salud.
- El perdón conduce a un menor número de síntomas físicos del estrés.
- El no perdonar puede ser más importante que la hostilidad como factor de riesgo para la enfermedad cardíaca.
- Las personas que culpan a los demás de sus problemas tienen una mayor incidencia de enfermedades tales como la enfermedad cardiovascular y el cáncer.
- Las personas que no imaginan perdonar a alguien muestran cambios negativos en la presión arterial, la tensión muscular y la respuesta inmune
- Las personas que imaginan perdonar a sus ofensores señalan una mejora inmediata en sus sistemas cardiovascular, muscular y nervioso.
- Las personas expresan un sentido de mayor bienestar espiritual

- Incluso las personas con pérdidas devastadoras pueden aprender a perdonar y sentirse mejor psicológicamente y emocionalmente.

El perdón y la salud

La salud humana es un complejo proceso sustentado por el equilibrio de factores biopsicosociales (homeostasis). Esto significa que una persona sana tiene en equilibrio tanto su cuerpo como su mente en adaptación con su entorno. Por ende, existe una relación entre mente y cuerpo y que la falta de equilibrio en uno de ellos, afecta el equilibrio y el buen funcionamiento del otro. La enfermedad afecta tanto al cuerpo como a la mente. De esta relación mente/cuerpo nace la medicina psicosomática, que se centra en el estudio de las interacciones entre los procesos psicológicos (mente) y la ocurrencia de ciertas enfermedades (cuerpo).

Establecida esta relación, el psicólogo Robert Ader (citado por Goleman, 1996) se dedicó a investigar cómo influyen ciertos procesos psicológicos en las emociones y en la salud (USA, 1974). Es así como nace un nuevo campo de investigación, la Psiconeuroinmunología (PNI), que estudia los vínculos que existen entre el sistema inmunológico y el sistema nervioso central. Su mismo nombre reconoce las relaciones: psico o "mente"; neuro, que se refiere al sistema neuroendocrino (que incluye el sistema nervioso y los sistemas hormonales); e inmunología, que se refiere al sistema inmunológico. Ha sido utilizada para establecer posibles relaciones entre los factores de comportamiento y la progresión de enfermedades.

Según Ader, (citado por Goleman, 1996) hay una infinidad de modos en que el sistema nervioso central y sistema inmunológico se comunican: vías biológicas que hacen que la mente, las emociones y el cuerpo no se vean como separados sino íntimamente interrelacionados. Se está descubriendo que los mensajeros químicos que operan más ampliamente en el cerebro y en el sistema inmunológico son aquellos que son más densos en las zonas nerviosas que regulan la emoción. A cargo de estas investigaciones está el psicólogo David Felten (citado por Goleman, 1996) quien comenzó notando que las emociones ejercen un efecto poderoso en el sistema nervioso autónomo (SNA), quien también regula diversas funciones del organismo. El Dr. Felten detectó un punto de encuentro donde el SNA se comunica directamente con los linfocitos y los macrófagos, células defensivas del sistema inmunológico. Se descubrieron contactos semejantes a sinapsis, en los que los terminales nerviosas del SNA tienen terminaciones que se apoyan directamente en estas células inmunológicas. Este contacto físico permite que las células nerviosas liberen neurotransmisores para regular estas células (Goleman, 1996).

Luego de diversos estudios, David Felten concluyó que sin esas terminaciones nerviosas el sistema inmunológico no responde como debería al desafío de las bacterias y los virus invasores. En resumen, el sistema nervioso no sólo se conecta con el sistema inmunológico, sino que es esencial para la función inmunológica adecuada. Otra vía clave que relaciona las emociones y el sistema inmunológico es la influencia de las hormonas que se liberan con el estrés. Las catecolamina (adrenalina y noradrenalina) y el cortisol, entre otras, obstaculizan la función de las células inmunológicas. El estrés anula la resistencia inmunológica, supuestamente en una conservación de energía que da prioridad a la emergencia más inmediata, que es una mayor presión para la supervivencia (Goleman, 1996).

Basándose en lo anterior, se ha establecido la hipótesis de que el estrés y las emociones negativas generadas por el rencor como la ira, la ansiedad y la depresión, podían ser la causa de ciertas enfermedades. Las investigaciones no han arrojado datos clínicos suficientes como para establecer una relación causal, pero sí, se reconoce que, estas emociones afectan la vulnerabilidad de las personas a contraer enfermedades. Asimismo, se investiga si las emociones positivas son beneficiosas a la hora de la recuperación de la enfermedad. También, las emociones y la salud se relacionan cuando ya se está enfermo y desde el punto de vista psicológico el rencor se considera una enfermedad, se puede ser emocionalmente frágiles mientras se está enfermo porque el bienestar mental se basa, en parte, en la ilusión de invulnerabilidad. El rencor hace estallar esa ilusión, atacando la premisa de que el mundo privado está a salvo y seguro. De pronto las personas se sienten débiles, impotentes y vulnerables. Las emociones más típicas cuando se experimenta rencor son el miedo y la rabia. Se ha descubierto que las emociones negativas, como la ira, la ansiedad o la depresión, y también el estrés, debilitan la eficacia de ciertas células inmunológicas. Estudios confirman que las emociones perturbadoras son malas para la salud. y se descubrió que las personas que experimentan ansiedad crónica, prolongados períodos de tristeza y pesimismo, tensión continua u hostilidad, cinismo o suspicacias implacables, debido a una situación de rencor, tenían el doble de riesgo de contraer una enfermedad, incluidas asma, artritis, dolores de cabeza, úlceras pépticas y problemas cardíacos. Esta magnitud hace que las emociones perturbadoras sean un factor de riesgo tan dañino como lo son, por ejemplo, el hábito de fumar o el colesterol elevado para los problemas cardíacos, es decir, una importante amenaza a la salud (Goleman, 1996). Lo anterior no indica, en modo alguno, que todos aquellos que tengan estos sentimientos serán más vulnerables a una enfermedad.

Beneficios para la salud del Perdón

Una importante cuestión ética de la terapia es si hay beneficios para el individuo durante el proceso. Existen varios estudios que demuestran que el acto del perdón trae consigo importantes beneficios para la salud mental y física (Kelly & McKillop (1996), Maltby, Macaskill & Day, (2001), McCullough & Worthington (1994), McCullough (1997), Pennebaker (1995). Los investigadores Davidson & Jurkovic (1993) informaron que las personas que no buscar el perdón cuando son ofendidos por los demás están en riesgo de tener relaciones más pobres porque tienen menos probabilidades de ser perdonado y perdonar a los demás.

En un estudio psicométrico desarrollado Maltby, Macaskill & Day (2001) se concluyó que los hombres y mujeres que tuvieron una calificación más alta en la falta de perdonarse muestra mayores niveles de neuroticismo, depresión y ansiedad las cuales fueron medidas por el Cuestionario de Salud General (Goldberg & Williams, 1991). En términos de bienestar físico, la culpa, la ira y la hostilidad asociada a la falta de perdón fue comparado con el componente tóxico de la personalidad tipo A (Friedman et al., 1986). La hostilidad , la culpa y la ira se han relacionado con pobre salud física (Affleck, Tennen, Croog & Levine, 1987; Tennen & Affleck, 1990), además de una mayor incidencia de problemas cardíacos y de tasas de mortalidad más altas (Miller, Smith, Turner, Guijarro & Hallet, 1996). La investigación en esta área está creciendo rápidamente por lo que cada vez hay más pruebas de que la ira, la culpa, la hostilidad y el rencor asociado con la falta de perdón representa daños a la salud y que las personas que perdonan tienden a disfrutar de una mejor salud y una mayor satisfacción con la vida (Macaskill, 2002, 2004).

También es posible ayudar a la persona a reconceptualizar su situación. Aquí es que la literatura sobre el estrés es útil. La mayoría de las situaciones en las que se plantea la necesidad de perdón son situaciones done la víctima no ha tenido un control directo sobre los eventos y es poco lo que se puede hacer para alterar los eventos (Terry & Hynes, 1998). No pueden exigir que el autor de la ofensa se disculpe, y que de hecho en muchas ocasiones el autor del acto ofensivo no siente que ha hecho algo malo. La víctima se siente con frecuencia impotente en esta situación. Con el tiempo las víctimas pueden recibir ayuda para volver a encuadrar su situación y contrarrestar este sentimiento de impotencia. Las víctimas tienen que entender que mientras permanezcan molesto y preocupado con el mal están permitiendo que el autor siga lastimarlos. Es decir, se están centrando sus energías emocionales en las injusticias cometidas en contra de ellos y no escogen dejar ir las emociones negativas asociadas por ende el perdón no se puede conceptualizar como un proceso poderoso.

A continuación, también se proponen los principales aspectos en los que se aprecia la influencia salutógenas negativas dentro de los procesos emocionales que son generados por la falta de perdón.

La Ansiedad: El gran gigante

Para Chopra (2008), ansiedad es un miedo crónico y súbito como el que nos despierta en la noche y ataca sin previo aviso en cualquier momento de la vida. Es una de las formas más comunes de sufrimiento en nuestra sociedad, magnificada durante ataques y recuerdos dolorosos de un hecho violento. La ansiedad se siente como una especie de temor no especifico. Puede sentirse en grado leve, y entonces la persona se siente nerviosa e inquieta, o puede sentirse de manera aguda, cuando la persona se llena de terror sin razón aparente.

La ansiedad, según el autor citado, tiene su origen en la memoria. No viene de afuera, sino de nuestro mundo interior. El funcionamiento sexual se ve claramente influenciado por efectos del estrés y de las emociones intensas, ya que se produce una restricción del nivel de testosterona en el organismo. Esta hormona es fundamental en la motivación y conducta sexual de hombres y mujeres. (Palmero, 1999). También se ha observado que la intensidad emocional tiene relación con los trastornos del sueño.

Así, los procesos de ansiedad y depresión producen un incremento en la temperatura basal corporal y en la resistencia de la piel, constriñen los vasos sanguíneos y generan inquietud motora general. Todos estos factores dificultan la conciliación y/o mantenimiento del sueño. Palmero (1999) refiere que el insomnio no solo se refiere a la imposibilidad de iniciar el sueño, sino también a la dificultad de mantenerlo. Durante momentos de gran ansiedad, sobre todos los producidos ante una situación de dolor o miedo, el cerebro secreta grandes niveles de cortisol y norepinefrina que interfieren con las operaciones normales de los mecanismos neurológicos para el aprendizaje y la memoria. Cuando estas hormonas de estrés llegan a un nivel crítico, mejoran la función de la amígdala pero debilitan las áreas pre frontales, las cuales pierden la capacidad de contener los impulsos de la amígdala. Goleman (2006). Por otra parte, se ha evidenciado una alta relación entre estrés y diabetes, hablándose en la actualidad de una personalidad diabética. (Palmero, 1999), que vendría definida por una disminuida capacidad de alerta, apatía y depresión.

La Ira y La Hostilidad

Para Chopra (2008), la ira es una emoción primaria, pero que en el mundo del miedo es una línea secundaria de defensa. Las personas se tornan airadas cuando no pueden vencer sus sentimientos de indefensión. El hecho de estallar en ira, tiene dos propósitos hacer sentir a la persona que tiene el control, sin el cual muchos entrarían en pánico total y el segundo propósito es que permite canalizar la energía hacia fuera, proporcionando un enemigo externo al cual atacar. La emoción de ira y la actitud de hostilidad, generado por el sentimiento de venganza, producen una excesiva activación de las glándulas suprarrenales, cuya consecuencia es la producción excesiva de cortisol, norepinefrina y epinefrina. Estas sustancias tienen efectos generales sobre el sistema cardiovascular, pues aceleran el proceso ateorogènico y reducen la luz de los vasos. Si se mantiene constante el volumen de sangre bombeada desde el corazón, la presión sanguínea va incrementándose paulatinamente a medida que se estrecha el diámetro útil y despejado del vaso.

Pero además, la epinefrina en particular tiene efectos que empeoran la situación. Esta catecolamina acelera el ritmo cardiaco y produce vasoconstricción. Los resultados son evidentes se incrementa la presión cardiaca. (Palmero, 1999). También se ha visto relación con las ulceras estomacales, ya que se produce un incremento en la secreción de ácidos en el estómago, que contribuyen a la formación de ulceras.

La Tristeza

Para Chopra (2008) en la base de la depresión (considerada como el extremo de la tristeza), hay un componente de miedo y ansiedad. La depresión es el sufrimiento dirigido contra el "yo". La actitud ante la vida de la persona deprimida es de pasividad y resignación. Existe una clara relación entre la tristeza y el cáncer, ya que aspectos emocionales de depresión han provocado disminución en la capacidad funcional del sistema inmunológico, produciéndose un crecimiento exponencial de estas células y se desencadena la enfermedad. Por lo que respecta a otros trastornos importantes, el asma, se conoce en la actualidad que las situaciones que producen sentimientos de tristeza, frustración y conflictos, dados por recuerdos dolorosos del pasado, representan factores importantes para que ocurran ataques de asma. Igualmente se ha visto su implicación los problemas capilares. (Palmero, 1999).

El Estrés

El hipocampo es particularmente vulnerable al continuo estrés emocional, por los dañinos efectos del cortisol, Bajo estrés prolongado, dado por situación traumáticas y dolorosas, el cortisol ataca las neuronas del hipocampo, reduciendo el ritmo en el que se agregan las neuronas, o incluso reduciendo el número total, con un impacto negativo en el aprendizaje. La muerte de las neuronas del hipocampo ocurre durante un sostenido aumento del cortisol, por ejemplo, durante una depresión severa o un trauma intenso. Incluso en bajas dosis, los periodos de estrés extensos producen altos niveles de cortisol que pueden impedir el crecimiento de esas neuronas

(Goleman, 2006). Con esto, se concluye que el estrés tiene influencia en el aprendizaje. En los vínculos del estrés con la salud, los sistemas biológicos claves son el sistema nervioso simpático (SNS), y el eje hipófisis-hipotálamo-suprarrenal (HHS). Cuando estamos atemorizados, tanto el SNC como el eje HHS asumen el desafió, secretando hormonas que nos preparan para enfrentarnos a una emergencia o amenaza. Pero lo hacen tomando recursos del sistema inmune y endocrinológico, entre otros. Esto debilita a dicho sistema clave para la salud, por un momento o durante años.

Se considera un estudio Británico sobre trabajadores de la salud que tuvieron dos supervisores en días alternados, uno al que temían y otro que le gustaba. El estudio de Wager, Feldman & Hussey (2001) revelo que en los días en que trabajaba el jefe atemorizador (victimario), el promedio de la presión arterial subió 13 puntos para la sistólica y 6 para la diastólica (de 113/75 a 126/81). Aunque las lecturas estaban dentro del margen saludable, tanta elevación si se mantenía mucho tiempo, podría tener un impacto clínico significativo, esto es, aumentar el riesgo de hipertensión. Otros estudios de Suecia de trabajadores a diferentes niveles y en el Reino Unido entre empleados estatales, demostraron que la gente en posiciones inferiores dentro de las organizaciones y sometidas a mayores niveles de estrés por un jefe autoritario, vengativo y acusador, eran cuatro veces más propensos a desarrollar enfermedades cardiovasculares, a los que no tenían tales presiones (Wamala, 2000).

Para Puche (1999), cuando las emociones dejan de cumplir la función o función de protección para las que fueron creadas y empiezan a estorbar y limitar a la persona que la experimenta, se requiere realizar un proceso de "liberación". Puche señala que "el resentimiento, como su nombre lo indica, se presenta cuando alguien, después de haber tenido un conflicto con otra persona hacia la cual ha sentido mucha rabia, vuelve a sentir (resiente) esa rabia con frecuencia". Puede decirse que la persona se "intoxica" poco a poco al recordar constantemente y sentir cada vez la ira, que se generaliza invadiendo otras dimensiones de la vida personal. El resentimiento como la mayoría de las emociones, tiene beneficios ocultos o ganancia secundarias. Entre sus beneficios pueden contarse los siguientes: mantener una distancia real con la persona con la que se presenta el conflicto, protegiéndose de esta forma; generar una sensación de "control" del otro a través de la rabia, ponerse en situación de víctima, buscar afecto y consuelo en otras personas y dejar de asumir responsabilidad sobre la propia existencia, al culpabilizar al otro por todo lo que le sucede. (Puche, 1999)

Luskin (2008) establece que las investigaciones en los diversos campos sugieren que aprender a perdonar es bueno de diferentes maneras. Cuando se perdona, se siente que las emociones positivas aumentan y que es más fácil sentir esperanza, cuidado, afecto, seguridad y felicidad. También hay beneficios por sentir menos furia. La persona puede experimentar menos depresión y desesperanza y hasta reforzar la espiritualidad. "Las personas que aprenden a perdonar se vuelven menos ansiosas, sufran menos estrés, aumentan su seguridad, son más calmadas, se deprimen menos, sufren menos y aprenden a quererse más" (Luskin, 2008). Hay estudios que han examinado el efecto del perdón en la salud física.

El primer estudio reveló que cuando la gente perdona a su ofensor, mejora el funcionamiento de su sistema cardiovascular y nervioso. (Van Oyen et al, 2001). Al practicar el rencor aumenta la presión sanguínea, el ritmo cardiaco y la presión de las paredes arteriales. Estas son experiencias negativas para el sistema cardiovascular. Si estas respuestas se prolongan pueden afectar el sistema cardiovascular. Durante los talleres del perdón, los investigadores descubrieron que no se presentaron molestias psicológicas y los participantes informaron sentir emociones positivas y relajamiento.

Un segundo estudio de la Universidad de Wisconsin, en Madison (Sarinopoulos, 2000) indicó que la intensidad con la cual se perdona la persona se relaciona con diversidad de enfermedades. Cuanto más perdonaron, menos sufrieron de una amplia gama de enfermedades y cuanto menos perdonaron, más enfermedades se reportaron. Esta relación se mantuvo constante para las quejas físicas a corto plazo y para el bienestar a largo plazo. En el estudio, la relación entre perdonar y la salud estuvo conforme en términos de la frecuencia de síntomas reportados. El tercer estudio realizado en la Universidad de Tennessee (Luskin, 2008) demostró que perdonar a corto plazo reduce el estrés, y aprender a perdonar no tiene efectos nocivos.

Pero a pesar de estos resultados positivos, hay que recordar que las investigaciones sobre el perdón es una ciencia en construcción. Sin embargo, una de las cosas aprendidas es que sana física, emocional y espiritualmente. Con base a lo anterior, desde el punto de vista cognitivo, el perdón no sólo es un regalo que se le hace al infractor, lo cual puede llegar a ser importante desde una perspectiva humanista, sino que también es un regalo que se hace la persona a sí misma. (Riso, 2004), en tanto se deja de sufrir y en consecuencia de generar emociones negativas. Perdonar es aliviar la carga que causa el rencor. Cuando se trata de perdonar, no importa tanto el camino sino el resultado. Tener un esquema positivo sobre el perdón implica estar dispuesto a no dejarse llevar tan fácilmente por el odio y a intentar terminar con el rencor si ya está instalado.

Capítulo VII
Perspectiva Biblia Sobre El Perdón

Basado en la literatura consultada en esta investigación y en las convicciones personales del autor, incluimos en esta obra una sección que presenta un contraste del perdón ante la perspectiva bíblica. Es por eso que debemos decir que el perdonar no es una tarea a la que el cristiano no puede hacer oídos sordos, una práctica que muchas veces conlleva con ella misma un sentimiento de alivio tanto para el que perdona como para el que es perdonado. A través de esta sección nos daremos cuenta de que muchos elementos traídos al proceso terapéutico antes expuesto, tienen similitud a los principios expuestos en la Biblia. Recordemos que esta misma proximidad o similitud fue lo que creo una cierta resistencia en el campo de la terapia psicológica mas es irrefutable el gran valor que trae el fundamento bíblico al proceso de transformación de un ser humano. Por esta razón traeremos una directa, profunda y bíblica reflexión sobre el tema.

Fundamento bíblico: naturaleza divina del perdón

En la Biblia encontramos la escena donde Pedro le preguntó al Señor cuántas veces tenía que perdonar a su hermano que pecara contra él. Entonces proveyó una respuesta posible a su propia pregunta. Dijo: ¿hasta siete veces? A partir de esto el Señor dio una respuesta concisa; luego elaboró en detalle la importancia de perdonar a quienes pecan contra nosotros. ¡Estimado lector, deje a un lado sus preconceptos con respecto a este asunto y siga leyendo con un corazón abierto y disposición a recibir lo que la Biblia llanamente declara!

Como en otras áreas, la enseñanza de Jesús sobre este tema particular ha sido retorcida y modificada para calmar a la gente que tiene comezón de oír y deseos pecaminosos. No se deje engañar por nadie acerca de la importancia de perdonar a otros quienes pecan contra usted.

Este capítulo se enfocará primariamente sobre dos ocasiones claves en que el Señor tocó este tema. El primero se encuentra en Mateo 6:14-15 y la segunda escena esta en Mateo 18:21-35.

Escena 1: Mateo 6:14 - 15

En Mateo 6:14,15 el Señor enfáticamente declaró una verdad eternamente obligatoria con las siguientes palabras: "Porque si perdonan a otros sus ofensas, también los perdonará a ustedes su Padre celestial. Pero si no perdonan a otros sus ofensas, tampoco su Padre les perdonará a ustedes las suyas (NVI). Aquellas palabras acerca de perdonar a otros que pecan contra nosotros deben de haber conmocionado a los discípulos del Señor, pues esta es la primera vez en la Biblia que tal cosa es establecida. Nunca leemos de perdonar a otros para que nuestros pecados sean perdonados, en ninguna parte de todo el Antiguo Testamento. ¡Sin embargo, el Señor cambió todo eso cuando nos dio su enseñanza sobre este tema! ¡Por favor, note que los versículos 14 y 15 son dados específicamente a aquellos ya salvados! Esto es evidente, pues Jesús dijo vuestro Padre celestial (v. 14) y vuestro Padre (v. 15). Compare con Mateo 18:35. Jesús nunca afirmó que los no salvos tenían a Dios Todopoderoso como su padre espiritual. El padre espiritual de ellos es claramente el diablo (Juan 8:42-44) [42]Jesús entonces les dijo: Si vuestro padre fuese Dios, ciertamente me amaríais; porque yo de Dios he salido, y he venido; pues no he venido de mí mismo, sino que él me envió. [43]¿Por qué no entendéis mi lenguaje? Porque no podéis escuchar mi palabra. [44]Vosotros sois de vuestro padre el diablo, y los deseos de vuestro padre queréis hacer. Él ha sido homicida desde el principio, y no ha permanecido en la verdad, porque no hay verdad en él. Cuando habla mentira, de suyo habla; porque es mentiroso, y padre de mentira.
Y ellos son claramente hijos del diablo (1 Juan 3:10). [10]En esto se manifiestan los hijos de Dios, y los hijos del diablo: todo aquel que no

hace justicia, y que no ama a su hermano, no es de Dios. ¡Además, el diablo no puede perdonar nuestros pecados; sólo Dios Todopoderoso puede, pero solamente si cumplimos la condición de perdonar a otros!

Este hecho acerca de las dos familias espirituales nos ayuda a ver que la enseñanza del Señor sobre el tema de perdonar a otros que pecan contra nosotros está específicamente dirigida hacia aquellos que ya han experimentado una verdadera regeneración (o salvación). ¡Esto basta para refutar a quienes dijesen que uno debe, para comenzar, tener un espíritu perdonador hacia otros, antes de que pueda venir a la salvación inicial, basados en una mala comprensión de este pasaje! Si tal enseñanza fuera cierta, la veríamos expresada en alguna otra parte del Nuevo Testamento como un prerrequisito para la salvación inicial en alguno de los varios sermones sobre la salvación, pero ¡nunca la vemos! En lugar de esto, la enseñanza de perdonar a otros, de modo que el Padre celestial nos perdone, está siempre dirigida hacia quienes ya son verdaderamente salvos. Este hecho es absolutamente devastador para todos los maestros de , quienes dirían que todos nuestros pecados futuros son automáticamente perdonados después de la salvación!

Si los pecados futuros de uno fueran automáticamente (incondicionalmente) perdonados, entonces no deberíamos tener que perdonar a otros, quienes pecan contra nosotros, para obtener el perdón de nuestros pecados, como Jesús claramente enseñó! ¡Alguien está enseñando falsamente sobre este tema, y sabemos que no puede ser el Señor! Así que, de acuerdo a Jesús, una persona que ha sido salvada por la fe en él debe cumplir la condición de perdonar a otros, o sus futuros pecados cometidos después de su salvación no le serán perdonados. Esta es la enseñanza que provino de Aquel que tiene las palabras de vida eterna (Juan 6:68). ¡Esta es la verdadera enseñanza de la gracia por el mismo Señor, quien nos dio Juan 3:16 y 10:27-29! Recuerde: "la gracia y la verdad vinieron por medio de Jesucristo" (Juan 1:17). [17]Pues la ley por medio de Moisés fue dada, pero la gracia y la verdad vinieron por medio de Jesucristo. Esta odiada y tergiversada enseñanza del Señor acerca de perdonar a otros para obtener el perdón de los pecados propios está bajo el paraguas de la enseñanza de Jesús sobre la gracia.

Estimado lector, ¿puede ver meramente de esto, el peligro espiritual vinculado intrínsecamente a la enseñanza de UVSSS? Esto debiera ser evidente, ya en este punto, pero hay mucho más que necesita ser dicho, especialmente sobre la importancia de perdonar a otros.

Escena 2: Mateo 18:21-35

Este pasaje indica que "[21]Entonces se le acercó Pedro y le dijo: Señor, ¿cuántas veces perdonaré a mi hermano que peque contra mí? ¿Hasta siete? [22]Jesús le dijo: No te digo hasta siete, sino aun hasta setenta veces siete. [23]Por lo cual el reino de los cielos es semejante a un rey que quiso hacer cuentas con sus siervos. [24]Y comenzando a hacer cuentas, le fue presentado uno que le debía diez mil talentos. [25]A éste, como no pudo pagar, ordenó su señor venderle, y a su mujer e hijos, y todo lo que tenía, para que se le pagase la deuda. [26]Entonces aquel siervo, postrado, le suplicaba, diciendo: Señor, ten paciencia conmigo, y yo te lo pagaré todo. [27]El señor de aquel siervo, movido a misericordia, le soltó y le perdonó la deuda. [28]Pero saliendo aquel siervo, halló a uno de sus consiervos, que le debía cien denarios; y asiendo de él, le ahogaba, diciendo: Págame lo que me debes. [29]Entonces su consiervo, postrándose a sus pies, le rogaba diciendo: Ten paciencia conmigo, y yo te lo pagaré todo. [30]Mas él no quiso, sino fue y le echó en la cárcel, hasta que pagase la deuda. [31]Viendo sus consiervos lo que pasaba, se entristecieron mucho, y fueron y refirieron a su señor todo lo que había pasado. [32]Entonces, llamándole su señor, le dijo: Siervo malvado, toda aquella deuda te perdoné, porque me rogaste. [33]¿No debías tú también tener misericordia de tu consiervo, como yo tuve misericordia de ti? [34]Entonces su señor, enojado, le entregó a los verdugos, hasta que pagase todo lo que le debía. [35]Así también mi Padre celestial hará con vosotros si no perdonáis de todo corazón cada uno a su hermano sus ofensas.

En Mateo 18:21-35 tenemos la más exhaustiva enseñanza de la Biblia sobre este tema de perdonar a otros que pecan contra nosotros. En esos quince versículos, se observan muchas cosas a medida que uno medita en ellos. Algunas observaciones son:

1. Jesús nunca sugirió siquiera que en este mundo no se pecaría contra algunos de sus discípulos. Esto es muy básico, pero de todos modos, es un punto importante para subrayar. ¡Estimado lector, usted no es el único que ha sido "apuñalado por la espalda" por otros que jamás debieran haberle tratado mal! Escuché una vez a un predicador establecer bien este punto, diciendo: ¡Si estás vivo en este mundo por cinco minutos, ya has sido apuñalado por la espalda por alguien! Aunque esto sea una exageración, él estableció bien este punto.

Sin excepción, se ha pecado contra todos los que viven hoy múltiples veces, aunque sean salvos. Además, si continúa viviendo por mucho más, pronto se pecará de nuevo contra usted. Esta era está desenfrenada con tal clase de cosas. No hay modo de evitar ser maltratado por otros, si uno está cerca de la gente.

2. En el momento de nuestra salvación, nuestra inmensa deuda de pecado que fue perdonada es asemejada a diez mil talentos. Cuando alguien peca contra nosotros, esto es asemejado a solamente cien denarios. ¡Eso es una relación de cerca de 500,000 a 1 entre ambos valores!(1) En otras palabras, ofendimos a Dios 500,000 veces más severamente a través de los años pecando contra él, que lo que lo hace la gente cuando peca contra nosotros!

3. El hombre que recibió un perdón personal en Mateo 18:21-35, pero se rehusó a perdonar al hombre que le debía sólo cien denarios fue llamado un siervo malvado. Esta misma descripción es usada en

Mateo 25:26 y allí aprendemos que tal gente será arrojada a la oscuridad donde habrá llanto y rechinar de dientes (Mateo 25:30).

Limitar un corazón no perdonador a un bloqueo del compañerismo es, obviamente, subestimar grandemente las consecuencias de la falta de perdón: Ahora déjeme continuar y decir que si una persona se torna un cristiano, y luego más tarde hay una situación en donde hay un corazón no perdonador de parte del cristiano, tenemos aún que darnos cuenta de que la Escritura dice que no hay condenación para quienes están en Cristo Jesús. De modo que el cristiano no será condenado por tal falta de perdón, pero yo creo que habrá un bloqueo del compañerismo. Aparentemente, una mala comprensión de Romanos 8:1 (Ahora, pues, ninguna condenación hay para los que están en Cristo Jesús, los que no andan conforme a la carne, sino conforme al Espíritu.) Basado en una interpretación, es aquí el obstáculo para ver el peligro definitivo que subyace a la falta de perdón. Vea el capítulo titulado Demolemos argumentos para una explicación de Romanos 8:1. ¡El mismo modo en que aquel siervo malvado fue tratado es como el Padre celestial le tratará a usted a menos que perdone de corazón a su hermano, versículo 35! Así que, ¿cómo fue tratado? El versículo 34 dice: Y enfurecido su señor, lo entregó a los verdugos hasta que pagara todo lo que debía. (Biblia de las Américas).

¡Increíblemente, él fue de nuevo hecho responsable de pagar su deuda previamente cancelada! En otras palabras, bajo esas circunstancias, sus pecados pasados perdonados en el punto de su salvación inicial le fueron puestos de nuevo a su cargo. Dios espera, incluso exige, de aquellos que han recibido una increíble misericordia de Él, la cual llegó hasta salvarlos, que en adelante muestren misericordia perdonando a otros. Cómo detesta el diablo la luz que resplandece desde la palabra de Dios. Esto es así porque él desea condenar a tantos como pueda mediante el engaño, pero la palabra de Dios es un obstáculo fundamental. Con esto en mente, debiera ser evidente por qué usted raramente, si alguna vez, ha oído estas simples verdades con respecto a la importancia de perdonar a otros, como se cita en estos claros pasajes.

¿Qué significa perdonar bíblicamente?

Ahora que usted sabe que debe perdonar a otros que pecan contra usted o su Padre celestial no le perdonará, ¿qué significa perdonar? La palabra perdonar (griego afiemi) significa, entre otras cosas, dejar ir o abandonar.(3) Esta es la misma palabra que se encuentra en Juan 4:28 y 1 Corintios 7:11, por ejemplo. En otras palabras, lo que aquella mujer hizo en Juan con su cántaro, y lo que el marido no debe hacer con su esposa de acuerdo a Corintios, es lo que debemos hacer con cualesquiera inquinas, sentimientos de rencor o venganza hacia quienes pecan contra nosotros, para que nuestros pecados sean perdonados después de la salvación inicial.

En otras palabras, dejar que aquellas cosas se vayan. ¡No albergue amargura o un deseo de venganza contra aquellos que han pecado contra usted! La venganza es de Dios. Permita que él retribuya. Vea Romanos 12:19. ¡Más allá de toda sombra de duda, su enemigo espiritual, el diablo, intentará colocarlo en un estado de falta de perdón para poder destruirlo! Le recordará sus heridas pasadas que ocurrieron hace años, si esto le sirve a él.

Al parecer él le hizo esto a David, usando un doloroso incidente pasado con Simei (2 Samuel 16:5-14) cuenta el pasaje que: "[5]Y vino el rey David hasta Bahurim; y he aquí salía uno de la familia de la casa de Saúl, el cual se llamaba Simei hijo de Gera; y salía maldiciendo, [6]y arrojando piedras contra David, y contra todos los siervos del rey David; y todo el pueblo y todos los hombres valientes estaban a su derecha y a su izquierda. [7]Y decía Simei, maldiciéndole: ¡Fuera, fuera, hombre sanguinario y perverso! [8]Jehová te ha dado el pago de toda la sangre de la casa de Saúl, en lugar del cual tú has reinado, y Jehová ha entregado el reino en mano de tu hijo Absalón; y hete aquí sorprendido en tu maldad, porque eres hombre sanguinario.

9Entonces Abisai hijo de Sarvia dijo al rey: ¿Por qué maldice este perro muerto a mi señor el rey? Te ruego que me dejes pasar, y le quitaré la cabeza. 10Y el rey respondió: ¿Qué tengo yo con vosotros, hijos de Sarvia? Si él así maldice, es porque Jehová le ha dicho que maldiga a David. ¿Quién, pues, le dirá: ¿Por qué lo haces así? 11Y dijo David a Abisai y a todos sus siervos: He aquí, mi hijo que ha salido de mis entrañas, acecha mi vida; ¿cuánto más ahora un hijo de Benjamín? Dejadle que maldiga, pues Jehová se lo ha dicho. 12Quizá mirará Jehová mi aflicción, y me dará Jehová bien por sus maldiciones de hoy. 13Y mientras David y los suyos iban por el camino, Simei iba por el lado del monte delante de él, andando y maldiciendo, y arrojando piedras delante de él, y esparciendo polvo. 14Y el rey y todo el pueblo que con él estaba, llegaron fatigados, y descansaron allí.

También en 2Samuel 19:18-23 dice: "18Y cruzaron el vado para pasar a la familia del rey, y para hacer lo que a él le pareciera. Entonces Simei hijo de Gera se postró delante del rey cuando él hubo pasado el Jordán, 19y dijo al rey: No me culpe mi señor de iniquidad, ni tengas memoria de los males que tu siervo hizo el día en que mi señor el rey salió de Jerusalén; no los guarde el rey en su corazón. 20Porque yo tu siervo reconozco haber pecado, y he venido hoy el primero de toda la casa de José, para descender a recibir a mi señor el rey. 21Respondió Abisai hijo de Sarvia y dijo: ¿No ha de morir por esto Simei, que maldijo al ungido de Jehová? 22David entonces dijo: ¿Qué tengo yo con vosotros, hijos de Sarvia, para que hoy me seáis adversarios? ¿Ha de morir hoy alguno en Israel? ¿Pues no sé yo que hoy soy rey sobre Israel? 23Y dijo el rey a Simei: No morirás. Y el rey se lo juró." Por favor sepa que el diablo es tanto agresivo como malévolo hasta la médula. ¡Es capaz de darnos pensamientos y prosigue haciéndolo cada día! Con respecto a esto, sería bueno para usted adquirir el hábito cotidiano de hacerse esta pregunta: ¿Qué clase de pensamientos o sugerencias me ha estado dando el diablo hoy?

Usted puede detectar sus destructivos pensamientos y sugestiones comparando lo que haya estado viniendo a su mente con la Palabra de Dios. Si los pensamientos, imaginaciones y sugerencias que han estado viniendo a su mente no entran en la categoría de la simple obediencia a la Palabra de Dios, ¡son del Tentador! ¡No medite ni se entretenga en tales pensamientos, ni por un momento! Resistir estos pensamientos es resistir al diablo (Santiago 4:7 [7]Someteos, pues, a Dios; resistid al diablo, y huirá de vosotros.). Su enemigo está tratando de hacer que usted los medite lo suficiente para que usted se torne espiritualmente impuro. Resista las tentaciones del diablo. Cuando el diablo le da el pensamiento (tentación) de alguna herida pasada, tratando de conducirlo a la falta de perdón (o mantenerlo allí), está tratando de iniciar algo en su corazón y su mente que más tarde lo destruirá a usted a menos que le resista activamente. De nuevo, no ceda a estos pensamientos. ¡Usted puede resistir al diablo cuando viene este tipo de ataque, orando por la persona o las personas que han pecado contra usted (Lucas 6:28)! Esteban oró por quienes lo estaban matando (Hechos 7:60). . [60]Y puesto de rodillas, clamó a gran voz: Señor, no les tomes en cuenta este pecado. Y habiendo dicho esto, durmió.

Orar por quienes le ofenden le resultará mucho más fácil si mantiene en mente su deuda de diez mil talentos que Dios le canceló en el momento de su salvación y que esa ofensa contra usted fue de sólo cien denarios. Como se citó antes, se pecó contra la gente piadosa del pasado tanto como contra usted o aun peor. ¡Esto, por supuesto, no achica la herida por actos o palabras crueles que vienen de un amigo de confianza, una persona amada, o incluso alguien a quien usted ayudó mucho y que luego se vuelve contra usted! A través de los siglos, los cristianos han sido grandemente heridos y totalmente traicionados por sus cónyuges, padres, hermanos, hermanas, nietos, vecinos, mejores amigos, colaboradores, maestros, jefes, etc. Considere cómo la gente se dio vuelta con Jesús. La misma multitud que él alimentó, sanó y enseñó más tarde gritaba: Crucifícale.

Pese a cómo la gente pueda tratarnos, Jesús dijo que debíamos perdonarlos para que nuestros propios pecados fueran perdonados. Pídale a Él que quite todo resentimiento de su corazón. Lave de su mente esos pensamientos hirientes empleando el tiempo atentamente en la Biblia y escuchando música evangélica. ¡Silbar o cantar canciones basadas en las Escrituras para usted mismo durante todo el día puede significar la diferencia entre la victoria y la derrota en esta área, cuando vienen ciertos ataques con falta de perdón! "Simplemente no puedo perdonar"

Decir que usted no puede perdonar es mostrarse a usted mismo como ya completamente engañado por el diablo. No solamente puede usted perdonar: Usted debe perdonar. Perdonar a otros no es fácil para nadie que es ofendido, especialmente ya que el diablo estará haciendo su mejor esfuerzo por llevarlo a la falta de perdón o mantenerlo en ella. Use las armas espirituales que Dios le ha dado, que son poderosas por medio de Él (2 Corintios 10:4 [4]porque las armas de nuestra milicia no son carnales, sino poderosas en Dios para la destrucción de fortalezas,), y resista las tentaciones del diablo a ser no perdonador. No se confíe en sus sentimientos para medir su propio perdón hacia otro.

Por favor, sepa que es posible perdonar a otro y sin embargo no confiar en esa persona hasta el punto en que pueda herirlo de nuevo, o incluso peor que antes. Hay algunas personas en este mundo con quienes nosotros no seremos nunca capaces de reconciliarnos totalmente - quienes continuarán odiándole e hiriéndole tan a menudo como puedan. Encarémoslo, existe tal cosa. Perdonamos a tales personas, esto es, no albergamos amargura ni deseo de venganza, pero mejor no confiemos en esta singular clase de persona. David nunca confió en la invitación de Saúl para regresar a Jerusalén, ni siquiera después que Saúl aparentemente se arrepintió (1 Samuel 26:21-25). En 1 Samuel 27:1 se muestra lo siguiente: "[1]Dijo luego David en su corazón: Al fin seré muerto algún día por la mano de Saúl; nada, por tanto, me será mejor que fugarme a la tierra de los filisteos, para que Saúl no se ocupe de mí, y no me ande buscando más por todo el territorio de Israel; y así escaparé de su mano." También podemos suponer que Pablo perdonó a Alejandro el herrero, quien le hizo mucho daño, pero aun así advirtió a Timoteo contra este mismo hombre (2 Timoteo 4:14,15)! Al parecer, Pablo no pensaba que Alejandro fuera a cambiar.

Más que un obstáculo para la oración

Limitar la seriedad de la falta de perdón a ser sólo un obstáculo a sus oraciones, como lo hacen algunos maestros, es subestimar peligrosamente sus consecuencias. Esto se hace habitualmente a partir de Marcos 11:25. Ese versículo dice que: "Y cuando estéis orando, perdonad, si tenéis algo contra alguno, para que también vuestro Padre que está en los cielos os perdone a vosotros vuestras ofensas (Reina-Valera 1960).

Claramente vemos aquí, como en los versículos mencionados más arriba, que bloqueamos nuestro propio perdón al ser no perdonadores. También, debiéramos revisar nuestros propios corazones en busca de cualquier falta de perdón tan a menudo como oremos. En otras palabras, ésta debiera ser un área constante de auto examen. Qué victoria debe de estar ganando a través de la falta de perdón en las vidas de la mayoría.

De nuevo, no piense que su negativa de perdonar a otros que pecan contra usted meramente obstaculizará su comunión con Dios. ¡Esto nunca se afirma como la única consecuencia de rehusarse a perdonar (Mateo 6:14,15; 18:21-35; Marcos 11:35; Lucas 6:37; 11:4), sino que es otro engaño para disminuir la seriedad de la falta de perdón! No se engañe en esto. Debe perdonar a otros para que sus pecados le sean perdonados. Con esto en mente, medite Santiago 1:14,15 que dice que "Todo lo contrario, cada uno es tentado cuando sus propios malos deseos lo arrastran y seducen. Luego, cuando el deseo ha sido concebido, engendra el pecado; y el pecado, una vez que ha sido consumado, da a luz la muerte" (NVI).

Note que la muerte espiritual es el resultado final del pecado, que comienza con deseos pecaminosos y tentaciones. Este principio está ejemplificado por el Pródigo (Lucas 15:24,32; cf. Romanos 8:13). Ya que la muerte espiritual es el resultado final del pecado no perdonado, entonces que se nos niegue el perdón por causa de nuestra negativa a perdonar a otros tiene que llevar con ello el potencial de ser espiritualmente fatal. Debe ser por esto que algunos cristianos se tornan tibios y luego se enfrían después de un período con el Señor. Cuando esto ocurre, el diablo ha sido exitoso con sus maquinaciones (Efesios 6:11; cf. 2 Corintios 2:11). ¡No deje que esto le pase a usted!

Viva en paz

Adicionalmente, aunque la falta de perdón no se menciona claramente en Gálatas 5:15, ciertamente está sobreentendida: Pero si siguen mordiéndose y devorándose, tengan cuidado, no sea que acaben por destruirse unos a otros (NVI). ¡Pablo afirmó que ellos podían destruirse unos a otros! Con esto en mente, el diablo debe tener gran deleite en las divisiones en las iglesias locales. También, en Hebreos 12:14 se lee: "Busquen la paz con todos y la santidad, sin la cual nadie verá al Señor (NVI)" Además de ser santos, hemos de "buscar la paz con todos," es decir, en la medida en que no sacrifiquemos la verdad o los valores cristianos para obtener esta paz. Esto es cuán intensamente deberíamos tratar de evitar el estado de falta de perdón o cualquier cosa que pueda llevar a tal cosa. ¡Recuerde que ser no perdonador hacia otro no destruirá a la persona que lo maltrató! En lugar de esto, lo destruirá a usted, la persona que no perdona. Es por eso que el diablo emplea frecuentemente esto contra la parte ofendida. ¡La falta de perdón debe de ser una de las más sutiles y destructivas tentaciones satánicas, pero pocos aparentemente conocen su seriedad por causa de las falsas enseñanzas que provienen.

Para continuar caminando con el Señor y tener vida espiritual, debemos perdonar a quienes pecan contra nosotros. Perdonar a otros es tan importante como obtener el perdón de sus propios pecados, pues sin lo primero no ocurrirá lo segundo, de acuerdo al Señor Jesús. Limitar la seriedad de la falta de perdón a ser sólo un obstáculo a sus oraciones, como lo hacen algunos maestros, es subestimar peligrosamente sus consecuencias. Esto se hace habitualmente a partir de Marcos 11:25. Ese versículo dice: "Y cuando estéis orando, perdonad, si tenéis algo contra alguno, para que también vuestro Padre que está en los cielos os perdone a vosotros vuestras ofensas(Reina-Valera 1960)." ¡Claramente vemos aquí, como en los versículos mencionados más arriba, que bloqueamos nuestro propio perdón al ser no perdonadores! También, debiéramos revisar nuestros propios corazones en busca de cualquier falta de perdón tan a menudo como oremos. En otras palabras, ésta debiera ser un área constante de auto examen.

¡Qué victoria debe de estar ganando a través de la falta de perdón en las vidas de la mayoría, especialmente cuando uno abraza! También aprendemos en Marcos 11:25 lo que es la falta de perdón. Jesús dijo que era retener algo contra otro.

Obedecer a Jesús y perdonar a aquéllos que pecan contra nosotros no significa que ellos se libren de su ofensa. La venganza es de Dios; él retribuirá. Así que perdonar a nuestros ofensores no les está ayudando a ellos. En cambio, le ayuda a usted espiritualmente, basado en la enseñanza de Jesús en Mateo 18:21-35. El siguiente pasaje de Santiago, que trata acerca de mostrar misericordia, está relacionado con este tema de perdonar a otros: "Porque juicio sin misericordia se hará con aquel que no hiciere misericordia; y la misericordia triunfa sobre el juicio (2:13, Reina Valera 1960)."

Por otra parte, nutrir un rencor contra otro es ser como la malvada y adultera Herodías quien injustamente hizo tal cosa contra Juan Bautista. En efecto, Herodes mismo había mandado que arrestaran a Juan y que lo encadenaran en la cárcel. Herodes se había casado con Herodías, esposa de Felipe su hermano, y Juan le había estado diciendo a Herodes: "La ley te prohíbe tener a la esposa de tu hermano." Por eso Herodías le guardaba rencor a Juan y deseaba matarlo. Pero no había logrado hacerlo (Marcos 6:17-19, NVI). Ante todo el perdón de nuestros pecados es el mayor de todos.

¿Cómo Puede Usted Estar Seguro de Que Jesús le Ha Perdonado Sus Pecados?

El evangelio de Cristo claramente enseña que, para recibir la vida eterna, una persona debe ser perdonada de los pecados por medio de la sangre de Jesús [Efe. 1:7; Mat. 26:28; 1 Ped. 2:24]. Pero muchas personas están inseguras acerca de si sí o no ellas han sido perdonadas. Otros podrían pensar que ellos ya han sido perdonados, pero se sorprenderían al informarse de que Jesús no está de acuerdo.

- Mateo 7:21-23 - En el juicio, muchas personas, que creen en el Señor, pensarán que Jesús los recibirá, pero en lugar de eso El los rechazará porque ellos no hicieron la voluntad del Padre.

- Hechos 23:1; 26:9 - Pablo vivió en buena conciencia como Judío persiguiendo a la iglesia, haciendo lo que sinceramente él creyó que debía hacer. Sin embargo él era el primero de los pecadores [1 Tim. 1:12-15]. Claramente él había estado engañado y equivocado.

¿Está usted seguro que ha sido perdonado? ¿Es posible que usted haya estado equivocado como estas personas lo estuvieron? Ciertamente estas preguntas son tan vitales que todos necesitamos investigarlas. La única forma para evitar el estar o ser engañados es comparando todas las enseñanzas de la Biblia (Hch. 17:11; Gál. 1:8-9; 2 Juan 9).

La Biblia enseña que usted puede estar seguro de que Jesús ha perdonado sus pecados si y únicamente si usted ha obedecido a las condiciones del evangelio para el perdón.

- Hebreos 5:9 - Jesús es "el autor de eterna salvación para todos los que le OBEDECEN".
- 1 Pedro 1:22 - Purificar nuestras almas en OBEDIENCIA a la verdad.
- Romanos 6:17-18 - Somos hechos libres del pecado cuando OBEDECEMOS de corazón a la doctrina entregada. [Véase también Hch. 10:35; Luc. 6:46; 1 Juan 2:3-6].

Si usted no quiere estar extraviado acerca de la verdad, como Jesús dijo que mucha gente lo había estado, entonces por favor tome su Biblia y estudie las condiciones para el perdón en el evangelio junto con nosotros.

Capítulo VIII
Consejos Importantes Sobre El Perdón

El perdón es libertad! debemos empezar por perdonarnos a nosotros mismos y a todo aquel que intento o nos hizo daño alguno, al respecto me tome el atrevimientos de tomar unas líneas textuales de Mariah Burton Nelson, autora de El corazón incomprendido. He aquí 5 claves para el perdón y la libertad, la autora ha establecido los siguientes pasos para perdonar:

1. **Hacer conciencia**: Requiere recordar y analizar quién fue el agresor y por qué.

2. **Validar el acto**: Consiste en conversar con una persona de confianza, objetiva, capaz de escuchar, analizar la situación y dar un buen consejo. De preferencia debe recurrirse a un profesional.

3. **Compasión**: Significa esforzarse para ver al agresor como un ser humano, tratar de comprender lo que le llevó a causar daño. Esto no significa sentirse superior y con derecho a juzgar y culpar porque sería caer en un círculo vicioso. Para Burton el paso más importante es el tener compasión, pues debe cambiarse la imagen del agresor por la de un ser humano y, por tanto, los sentimientos y la reacción hacia éste.

4. **Humildad**: Es necesario eliminar el orgullo que actúa como una barrera antes de ceder el perdón.

5. **Perdonarse a sí mismo**: Significa reflexionar sobre los errores propios, ya se hayan cometido consciente o inconscientemente, perdonarse y superarlos. Este acto debe corresponder a un proceso de aceptación de sí mismo.

A continuación una seria de consejos puntuales, sanos y directos que de seguro le ayudaran a esta importante decisión de perdonar y ser libre

Consejo: No dude en hacerlo

Cuestione su actitud para desbloquear su mente, cambiar su posición y abrirse a la idea del perdón. Si acostumbra sentirse herido por pequeñeces, determine por qué surge el malestar. Tal vez descubra que no vale la pena el enojo. Vea las cosas desde afuera, no insista en el papel de víctima y observe su caso como si se tratara de un amigo. Si reconoce que usted es quien tiene mayor culpabilidad, no se quede con la molestia, perdónese a sí mismo y después explique su situación a la otra persona. Considere la existencia de una fuerza superior, con la cual es posible vencer cualquier dolor, renovarse interiormente y seguir adelante.

Consejo: No insista

No luche contra la realidad, ya no puede cambiar las cosas que sucedieron ayer, pero tiene un presente que puede modificar y un futuro con nuevas oportunidades. No culpe a los demás por sus reacciones. Si se considera ofendido, no sea usted quien responda saliéndose de sus casillas. No se auto-engañe insistiendo estar en la posición correcta y creyéndose todas sus ideas, porque podría caer en prejuicios, temores escondidos o caprichos. No enjuicie a los demás presumiendo tener capacidad para analizar la situación y los personajes. No se quede con sentimientos negativos en su interior porque éstos se acumulan y el daño es mayor.

Consejo: Procure la reconciliación con Dios

Es importante considerar cuidadosamente lo que dice la Biblia sobre la reconciliación para tener una base para el trabajo de desarrollo que realizamos. Esta sección considera algunos principios bíblicos que nos ayudan a reflexionar sobre la razón por la cual los cristianos deberían participar en incentivar la reconciliación. Estos principios también se pueden compartir con los cristianos afectados por este conflicto para que sean consecuentes con sus actitudes durante y después del conflicto.

Nuestro modelo para la reconciliación es la reconciliación con Dios mediante Jesucristo.

El primer capítulo de Génesis nos habla de la creación de Dios. Dios creó los cielos y la tierra. Dios vio que lo que estaba creando era 'bueno'. Luego creó al hombre y a la mujer y los declaró 'muy buenos'. Adán y Eva vivieron en la tierra de Dios siendo bendecidos por El (v. 28). La gente experimentó 'Shalom' (la paz) con Dios, entre sí y con el medio ambiente. Sin embargo, Génesis 3 nos habla de que la buena creación de Dios se echó a perder por el pecado. La paz del jardín del Edén fue destruida. Se rompió la relación de la gente con Dios lo cual dio como resultado una ruptura de las relaciones entre la gente y entre ésta y el medio ambiente.

El resto de la Biblia es una historia del plan de Dios para restaurar su creación – para devolverle la buena relación con El. Isaías 9 profetiza la venida de Jesús. El versículo 6 lo describe como 'Príncipe de Paz'. El Nuevo Testamento adopta la idea hebrea de Shalom como una plenitud en la presencia de Dios. Shalom, o paz, proviene de la muerte de Jesús en la cruz. Colosenses 1:19-20 dice 'Por cuanto agradó al Padre que en El habitase toda plenitud y por medio de El reconciliar consigo todas las cosas, así las que están en la tierra como las que están en los cielos, haciendo la paz mediante la sangre de su cruz'. Jesús devuelve a la gente la buena relación con Dios, con ellos mismos, y con la creación como un todo. Apocalipsis 21:3-4 nos dice que en el cielo Dios morará con ellos y 'ya no habrá muerte, ni habrá más llanto ni clamor, ni dolor'.

Consejo: La reconciliación con los demás

En la medida que sea posible comprometerse a reconciliar a la gente con Dios. En Corintios 5:18-20 Pablo nos dice que Dios nos ha dado el ministerio de la reconciliación. Nos llama 'embajadores de Cristo' para compartir el mensaje de reconciliación con los demás. Este es nuestro llamado a dar testimonio a los que aún no están reconciliados con Dios por medio de la cruz. En la Biblia, la reconciliación con los demás acompaña la reconciliación con Dios. Nuestra respuesta a la gracia salvadora de Dios se expresa a través de nuestra respuesta a los demás. La Biblia muestra que la ruptura de las relaciones es la causa de la pobreza, la marginación y el conflicto. Vivimos en un mundo donde la rebelión contra Dios ha dado como resultado el egocentrismo que, a su vez, origina la exclusión, falta de confianza, codicia e injusticia. El propósito de Dios es la reconciliación y la comunidad. Hay muchos pasajes en el Nuevo Testamento donde se enfatiza la unidad cristiana; además, se proporcionan pautas sobre cómo vivir en paz con los demás. En el resto de esta sección consideramos algunos principios bíblicos para llegar a un entendimiento sobre la razón por la cual los cristianos deberían participar en incentivar la reconciliación.

Consejo: Sea un pacificador

En Mateo 5:9, Jesús les dice a sus discípulos 'Bienaventurados los pacificadores, porque ellos serán llamados hijos de Dios'. La construcción de la paz es un aspecto esencial del carácter cristiano. Ponga atención a la palabra pacificadores (hacedores de paz). La paz tiene que ser hecha. No es algo que simplemente sucede. Es interesante que nuestra naturaleza pecaminosa nos hace destructores de la paz. Esto se ve en el mundo actual tanto como en la época de Jesús. Debido al pecado la gente rompe la paz con demasiada facilidad lo que puede ser por guerras a gran escala, conflictos destructivos entre los individuos y, lamentablemente, conflicto dentro de las iglesias o entre ellas.

Mediante la sangre de Cristo se restaura la relación de la gente con Dios. Pero en estos versículos de Mateo 5, Jesús también muestra su preocupación por la sanidad en la sociedad. Él quiere ver la restauración de las relaciones entre la gente y supone que los cristianos serán pacificadores, lo que significa que deberían hacer la paz entre ellos. Los cristianos también tienen un rol en la creación de oportunidades para que los no creyentes en conflicto se encuentren y se reconcilien.

Proporcionando oportunidades para la reconciliación podemos reconciliar el poder del evangelio en forma visible lo cual requiere que nosotros mismos estemos reconciliados con Dios. También significa que hay que resolver el conflicto de la iglesia. Este fue un problema en los comienzos de la iglesia y aún lo es en la actualidad. En este manual no se tratará el conflicto de la iglesia, pero es un tema importante; por lo tanto, proporcionamos pasajes útiles de la Biblia

La resolución de los conflictos entre los cristianos asegura que: estamos actuando en la forma en que Dios quiere que lo hagamos, nos podemos identificar con los demás en el conflicto porque sabemos que nosotros mismos lo experimentamos, no se nos acusa de ser hipócritas, los no creyentes pueden ver cómo los cristianos trabajamos juntos en armonía y llevamos a las personas a Jesús para que ellas se reconcilien con Dios.

Consejo: Practique amar al prójimo

En la Biblia muchas veces se nos pide amar a nuestro prójimo. Como lo muestra el estudio bíblico siguiente, nuestro prójimo no es sólo la persona que vive al lado o incluso en el mismo país. (Vea Levítico 19:18, Mateo 19:19, Marcos 12:28-34 y Romanos 13:9. La parábola del Buen Samaritano explica el mandamiento de 'amar a nuestro prójimo'. Lea Lucas 10:25-37. Jesús insiste en que debemos amarnos mutuamente sin considerar la cultura ni la clase social. Cuando el intérprete de la ley le preguntó a Jesús '¿quién es mi prójimo?', quizás esperaba que Jesús le respondiera 'tu amigo judío', pero la respuesta de Jesús fue diferente. La parábola no nos dice nada sobre el hombre que fue atacado aunque los que estaban escuchando eran judíos y habrían supuesto que dicho hombre era judío. Sin embargo, un sacerdote y un levita, que eran miembros del grupo religioso de Israel en esa época, pasaron al lado del hombre herido. En la época de Jesús, los samaritanos eran despreciados por los judíos. Sin embargo, en la parábola, el samaritano que iba de camino es el que ve al hombre herido y se compadece de él.

Consejo: Escoja amar a sus enemigos

A menudo es difícil compadecerse de la gente que no conocemos o con la cual nos cuesta relacionarnos. Incluso es más difícil cuando somos odiados o amenazados por aquellos que estamos en condiciones de ayudar. La Biblia es muy clara sobre el tema de cómo tratar a nuestros enemigos. Lea Mateo 5:43-48. Jesús recomienda a sus oyentes amar a sus enemigos usando el ejemplo de Dios que hace salir el sol sobre malos y buenos, y que hace llover sobre justos e injustos. El habla sobre el amor incondicional. La mayor demostración de amor incondicional es la gracia de Dios por medio de Jesucristo quien nos ama a pesar de nuestros pecados. Es muy fácil amar a los que nos aman y pasar tiempo con ellos. El pasaje termina con el versículo 48 incentivándonos a buscar la perfección o plenitud una idea muy parecida a experimentar una unidad total con Dios mediante la paz (Shalom). A pesar de que nunca seremos perfectos en esta tierra, debemos tratar de seguir el ejemplo de Dios mostrando su gracia a nuestros enemigos lo que significa alcanzarlos con el amor de Dios a pesar de sus faltas cometidas contra los demás y contra nosotros. Otros pasajes de estudio: Lucas 6:27-36 y Romanos 12:14-21.

Consejo: Perdonarse mutuamente

El perdón significa 'soltar' el resentimiento por el dolor que le ha causado. Implica encontrar un alivio en Cristo quien lleva nuestro dolor. La Biblia nos llama muchas veces a perdonarnos mutuamente (por ejemplo, Mateo 6:15, Mateo 18:21-22 y Colosenses 3:13). Philip Yancey en su libro 'What's so Amazing about Grace?', nos muestra la necesidad del perdón para romper la cadena de la ausencia de gracia que existe en el mundo y que es un estado humano natural, en tanto que el perdón no es un acto natural. Al igual que la gracia, el perdón no es justo y es algo muy difícil de practicar.

Yancey explica **por qué** debemos perdonar:

- La gracia y el perdón son parte del carácter de Dios y somos llamados a ser como El.
- Una de las frases del Padrenuestro es 'Perdónanos nuestras deudas como también nosotros perdonamos a nuestros deudores' Jesús nos pide que perdonemos en este mundo falto de gracia. (Ver también Mateo 18:21-35. La clave de esta parábola es el versículo 33.)
- Al no perdonarnos mutuamente estamos sugiriendo que los demás no merecen el perdón de Dios.
- El perdón rompe el ciclo del dolor y la culpa. La persona es sanada cuando se libera del resentimiento. También existe la posibilidad de que el ofensor sea transformado.

Conclusiones

Sanidad Interior y el Perdón ambas se relacionan entre sí pero no son similares, tanto la Sanidad Interior como el Perdón son áreas que el ser humano necesita una intervención de parte del Espíritu Santo con la ayuda de la oración y el ayuno para obtener los resultados deseados a nuestro favor.

Ambas son armas que el enemigo las ha utilizado por años para destruir el cuerpo de Cristo, si no hay sanidad interior ni perdón no hay crecimiento. Esto obstaculiza el poder escalar más en el Señor y así hacer lo que Dios desea que hagamos para Él. En alguna parte de nuestras vidas el Señor ha permitido que podamos experimentar la sanidad o el perdón para así ayudar a otros menos afortunados que por ciertas razones no han podido sobrepasar la crisis o el estado emocional que atraviesan.

Es importante recalcar que no podríamos obtener sanidad interior o perdón si no estamos dispuestos con un corazón humilde y sencillo. Sea cual sea la circunstancia para Dios no hay nada imposible, no importa cuán grave sea la situación, Él está dispuesto a sanar nuestras heridas y ofrecer el perdón.

Todavía en este tiempo Dios sigue sanado vidas, Dios tiene poder. El Señor está ofreciendo a la humanidad el perdón.

La meta de Dios es que crezcamos sanos para honrarle y glorificarle a él todo el tiempo.

Dios le bendiga

REFERENCIAS

Affleck, Tennen, Croog, & Levine, (1987). Causal attribution, perceived benefits, and morbidity after a heart attack. Journal of Consulting and Clinical Psychology, 55, 29-35.

Afifi, W. A., Falato, W. L. y Weiner, J. L. (2001). Identity Concerns Following a Severe Relational Transgression: The Role of Discovery Method for the Relational Outcomes of Infidelity. Journal of Social andPersonal Relationships, 18, 291-308.

Akitar, S. (2002). Forgiveness: Origins, dynamics, psychopathology, and technical relevance. Psychoanalytic Quarterly, LXXI, 175-211.

Amor, P. J. y Echeburúa, E. (2010). Claves psicosociales para la permanencia de la víctima en una relación de maltrato. Clínica Contemporánea, 1, 97-104. doi: 10.5093/cc2010v1n2a3

Andrews, M. (2000). Forgiveness in context. Journal of Moral Education, 29(1), 75-86.

Atkins, D., Eldridge, K., Baucom, D. y Christensen, A. (2005). Infidelity and behavioral couple therapy: Optimism in the Face of Betrayal. Journal of Consulting and Clinical Psychology, 73, 144-150.

Bass, E. & Davis, L. (1994). The courage to heal. New York: Harper Perennial.

Baucom, D., Snyder, D. y Gordon, K. (2009). Helping couples get past the affair. A clinician's guide. N.Y.: Guilford Press.

Beck, J. S. (1995). Cognitive therapy: basics and beyond. New York: Guilford Press.

Bonach, K. y Sales, E. (2002). Forgiveness as a mediator between post divorce cognitive processes and coparenting quality. Journal of Divorce & Remarriage, 38, 17-38.

Boszormenyi-Nagy, I. (1987). Foundations of contextual therapy: Collected papers. New

Burstow, B. (1992). Radical feminist therapy: working in the context of violence. CA: Sage.

Chopra, D (2005) "El Perdón" grupo editorial Norma. Bogota.
clients. Journal of Consulting and Clinical Psychology, 72, 1114–1121. Clinical Psychology, 74, 920–929.

Cordova, J., Cautilli, J., Simon, C. y Sabag, R. (2006). Behavior analysis of forgiveness in couples therapy. International Journal of Behavioral Consultation & Therapy, 2, 192-214.

Davidson & Jurkovic (1993, April). Forgiveness and narcissism: Consistency in experience across real and hypothetical hurt situations. Paper presented at the meeting of the Christian Association for the Psychological Studies, Kansas City.

DiBlaso, F. A., & Proctor, J. H. (1993). Therapists and the clinical use of forgiveness. American Journal of Family Therapy, 21, 175-184.

Edwards, L. M., Lapp-Rincker, R. H., Magyar-Moe, J. L., Rehfeldt, J. D., Ryder, J. A., Brown, J. C. y López, S. J. (2002). A Positive Relationship Between Religious Faith and Forgiveness: Faith in the Absence of Data? Pastoral Psychology, 50(3), 147-152.

Ellis, A., & Dryden, W. (1997). The practice of rational-emotive therapy (2nd Ed.). New York: Springer.

EnE.L. Worthington Jr. (Ed.), Dimensions of forgiveness: Psychological research and theological perspectives (pp.139-161). Philadelphia: Templeton Foundations Press.

Enright, R. D. (1996). Counseling within the forgiveness triad: On forgiving, receiving, forgiveness, and selfforgiveness. CounselingandValues,40(2), 107-126.

Enright, R. D. y Coyle, C. T. (1998). Researching the process model of forgiveness within psychological interventions.

Enright, R. D. y Fitzgibbons, R. P. (2000). HelpingClients Forgive: An Empirical Guide for Resolving Angerand Restoring Hope. Washington, DC: APA.

Enright, R. D., & Coyle, C. T. (1998). Researching the process model of forgiveness within psychological interventions. In E. L. Worthington, Jr., Dimensions of forgiveness: Psychological research and theological perspectives (pp. 139-161). Philadelphia: Templeton Foundation Press.

Enright, R. D., Eastin, D. L., Golden, S., Sarinopoulos, I., & Freedman, S. (1992). Interpersonal forgiveness within the helping professions: An attempt to resolve differences in opinion. Counseling and Values, 36, 84-103.

Enright, R. D., Freedman, S. y Rique, J. (1998). ThePsychology of Interpersonal Forgiveness. In R. D. Enright and J. North (ed.). Exploring Forgiveness. Madison, WI: The University of Wisconsin Press.

Enright, R. y The Human Development Study Group (1994). Piaget on the moral development of forgiveness: identity or reciprocity? Human Development, 37, 63-80.

Exline, J., Baumeister, R., Bushman, B., Campbell, W. y Finkel, E. (2004). Too Proud to Let Go: Narcissistic Entitlement as a Barrier to Forgiveness. Journal of Personality and Social Psychology, 87, 894-912.

Fenell, D. L. (1993). Characteristics of long-term first marriages. Journal of Mental Health Counselings, 15, 446-460.

Fincham, F. D. (2000). The kiss of the porcupines: From attributing responsibility to forgiving. PersonalRelationships, 7, 1-23.

Fincham, F. D. y Beach, S. R. (2002). Forgiveness in marriage: Implications for psychological aggression and constructive communication. Personal Relationships, 9, 239-251.

Fincham, F. D. y Beach, S. R. (2007). Forgiveness and marital quality: Precursor or consequence in well-established relationships. Journalof Positive Psychology, 2, 260-268.

Fincham, F. D., Beach, S.R. y Davila, J. (2007). Longitudinal relations between forgiveness and conflict resolution in marriage. Journal of Family Psychology, 21, 542-545.

Fincham, F. D., Hall, J. y Beach, S. R. (2006). Forgiveness in marriage: current status and future directions. Family Relations, 55, 415-422. forgiveness (pp. 423–440). New York: Brunner-Routledge.

Freedman, S. R y Enright, R. D. (1996). Forgiveness as an intervention goal with incest survivors. Journal of Consulting and Clinical Psychology, 64(5), 983-992.

Friedman, M., Thoresen, C. E., Gill, J., Ulmer, D., Powell, L. H., Price, V. A., Brown, B., Thompson, L., Rabin, D. D., Breall, W. S., Bourg, W., Levy, R., & Diaon, T. (1986). Alteration of Type A

Behavior and its effect on cardiac recurrences in post myocardial infarction patients: Summary results of the Recurrent Coronary

Goldberg, D. & Williams, P. (1991). A user's guide to the general health questionnaire. London: NFER, Nelson.

Goleman, Daniel (1996) "Inteligencia emocional" Javier Vergara Editor, Buenos Aires

Goleman, Daniel (2003)" Emociones Destructivas" Javier Vegara.Ediciones B Argentina S.A.

Gordon, K. C. y Baucom, D. H. (1998). Understanding betrayals in marriage: A synthesized model of forgiveness. FamilyProcess,37, 425-449.

Gordon, K. C. y Baucom, D. H. (2003). Forgiveness and marriage: preliminary support for a measure based on a model of recovery from a marital betrayal. The American Journal of Family Therapy, 31, 179-199.

Gordon, K. C., Baucom, D. H. y Snyder, D. K. (2004). An integrative intervention for promoting recovering from extramarital affairs. Journal of Marital and Family Therapy, 30, 213-232.

Gordon, K. C., Burton, S. y Porter, L. (2004). The role of forgiveness: Predicting women in domestic violence shelters intentions to return to their partners. Journal of Family Psychology, 18, 331-338.

Greenberg, L., Warwar, S. y Malcolm, W. (2010). Emotion-focused couples therapy and the facilitation of forgiveness. Journal of Marital and Family Therapy,36(1), 28-42.

Gunderson, P. R. y Ferrari, J. R. (2008). Forgiveness of sexual cheating in romantic relationships: effects of discovery method, frequency of offense and presence of apology. North American Journal of Psychology,10(1), 1-14.

Hall, J. H. y Fincham, F. D. (2006). Relationship dissolution following infidelity: The roles of attributions and forgiveness. Journal of Social and Clinical Psychology, 25 508-522.

Hall, J. H. y Fincham, F. D. (2008). The temporal course of self-forgiveness. Journal of Social and ClinicalPsychology, 27(2), 174-202.

Hargrave, T. D. (1994). Families and forgiveness: A theoretical and therapeutic frame work. The family Journal: Counseling and Therapy for Couples and Families, 2, 339-348.

Hargreave, T. D. (1994). Families and Forgiveness: Healing wounds in the intergenerational family. New York: Brunner/Mazel.

Hebl, J. H. y Enright, R. D. (1993). Forgiveness as a psychotherapeutic goal with elderly females. Psychotherapy: Theory, Research, Practice, Training, 30, 658-667.

Hope, D. (1987). The healing paradox of forgiveness. Psychotherapy, 24, 240-244.

Kachadourian, L. K., Fincham, F. y Davila, J. (2004). The tendency to forgive in dating and married couples: the role of attachment and relationship satisfaction. Personal Relationships, 11, 373-393.

Kadiangandu, J. K., Mullet, E., & Vinsonneau, G. (2001). Forgivingness: A Congo-France comparison. Journal of Cross-Cultural Psychology, 32, 504-511.

Kaplan, B. H., Monroe-Blum, H. y Blazer, D. G. (1994). Religion, health and forgiveness. In J. S. Levin (Ed.). Religion in Aging and Health (pp. 52-77). Thousand Oaks, CA: Sage.

Karremans, J.C., Van Lange, P.A., Ouwerkerk, J.W. y Kluwer, E.S. (2003). When forgiving enhances psychological well-being: The role of interpersonal commitment. Journal of Personality and Social Psychology,34,207-227.

Kelly, A. E. & McKillop, K. J. (1996). Consequences of revealing personal secrets. Psychological Bulletin, 120, 450-465.

Lamb & J. G. Murphy (Eds.), Before forgiving: Cautionary views of forgiveness in psychotherapy (pp. 3-14). New York: Oxford University Press.

Lamb, S. (2002). Introduction: Reasons to be cautious about the use of forgiveness in psychotherapy.

Lamb, S. (2005). Forgiveness Therapy: The Context and Conflict. Journal of Theoretical and PhilosophicalPsychology, 25, 61- 80.

Lawler, K. A., Younger, J. W., Piferi, R. L., Billington, E., Jobe, R., Edmondson, K. y Jones, W.H. (2003). A Change of Heart: Cardiovascular Correlates of Forgiveness in Response to Interpersonal Conflict. Journalof Behavioral Medicine, 26(5), 373-393.

Lawler-Row, K., Scott, C.A., Raines, R. L., Edlis-Matityahou, M. y Moore, E. W. (2007). The Varieties of Forgiveness Experience: Working toward a Comprehensive Definition of Forgiveness. Journal of Religionand Health, 46(2), 233-248.

Lin, W.F., Mack, D., Enright, R.D., Krahn, D., & Baskin, T.W. (2004). Effects of forgiveness therapy on anger, mood, and vulnerability to substance use among inpatient substance-dependent

Luchies, L. B., Finkel, E. J., McNulty, J. K. y Kumashiro, M. (2010). The doormat effect: When forgiving erodes self-respect and self-concept clarity. Journal of Personality and Social Psychology, 98(5), 734-749.

Luskin, F (1999) "The effect of forgiveness training of psicosocial factors in collage age adults" dissertations off publican. Universidad de Stanford.

Luskin, F (2000) "A review of the effect of spiritual and religious factors on mortality and morbidity with a focus on cardiovascular and pulmonary disease" .Journal of cardiopulmonary rehabilitation. 20 n: 1 (2000). 8-15.

Luskin, F (2008) "Perdonar es sanar" Harper Collins Publisher Ediciones Norma. S.A. Bogota.

Macaskill, A. (2002). Heal the hurt: How to forgiven and move on. London: Guilford Press.

Macaskill, A. (2004). Defining forgiveness: Christian clergy and general population perspectives. Submission.

Macaskill, A. (2005). The treatment of forgiveness in counselling and therapy. Counselling Psychology Review, 20 (1), 26-33.

Macaskill, A., Maltby, J., & Day, L. (2002). Forgiveness of self and others and emotional empathy. The Journal of Social Psychology, 142, 663-665.

Maltby, J., Macaskill, A. and Day, L. (2001). Failure to forgive self and others: a replication and extension of the relationship between forgiveness, personality, social desirability and general health. Personality and Individual Differences, 29, 1-6.

Mauger, P. A., Peny, J. E., Freeman, T., Grove, D. C, McBride, A. G. y McKinney K. E. (1992). The measurement of forgiveness:

preliminary research. Journal of Psychology and Christianity, 11,170-180.

McAlister, E. W. C. (1984). Christian counselling and human need. Journal of Psychology and Christianity, 2, 50-61.

McCullough, M. E y Worthington, E. L. (1999). Religion and the forgiving personality. Journal of Personality,67(6), 1141-1164.

McCullough, M. E. (1997). Marital forgiveness: Theoretical foundations and an approach to prevention. Marriage and Family: A Christian Journal, 1, 77-93.

McCullough, M. E., & Worthington, E. L. (1994). Models of interpersonal forgiveness and their application to counselling: a review and critique. Counseling and Values, 39, 2-14.

McCullough, M. E., & Worthington, E. L. Jr. (1999). Religion and the forgiving personality. Journal of Personality, 67, 1141-1164.

McCullough, M. E., Rachal, K. C., Sandage, S. J., Worthington, E. L., Brown, S. W. y Hight, T. L. (1998). Interpersonal forgiving in close relationships. II: Theoretical elaboration and measurement. Journal of Personality and Social Psychology, 75, 1586-1603.

McCullough, M. E., Worthington, E.L. Jr. y Rachal, K. C. (1997). Interpersonal forgiving in close relationships. Journal of Personality and Social Psychology, 73, 321-336.

McCullough, M.E., Worthington, E. L., Jr., & Rachal, K.C. (1997). Interpersonal forgiving in close relationships. Journal of Personality and Social Psychology, 73, 321–336.

McMinn, R. C. & Rhoads, K. R. (1996). Forgiveness. In R. C. McCinn, Psychology, Theology, and Spirituality in Christian Counseling. Wheaton, Il: Tyndale House.

McNulty, J. K. (2008). Forgiveness in marriage: Putting the benefits into context. Journal of Family Psychology, 22, 171-175.

McNulty, J. K. (2010). Forgiveness increases the likelihood of subsequent partner transgressions in marriage. Journal of Family Psychology, 24(6), 787-790.

McNulty, J. K. (2011). The dark side of forgiveness: The tendency to forgive predicts continued psychological and physical aggression in marriage. Personality and Social Psychology Bulletin, 37, 770-783.

Miller, T. Q., Smith, T. W., Turner, M. C. W., Guijarro, M. L., & Hallet, A. J. (1996). Meta-analytic review of research on hostility and physical health. Psychological Bulletin, 119, 322-348.

Mosher, P. (1991). Title, Key Word, and Author Index to Psychoanalytic Journals: 1920-1990. New York: American Psychoanalytic Association.

Orozco, E (2009) "Perdonar es sanar" Publicación del diario Panorama, (7-04-2009)

Paleari, F. G., Regalia, C. y Fincham, F. D. (2003). Adolescents' willingness to forgive their parents: An empirical model. Parenting:Science and Practice, 3, 155-174.

Paleari, F. G., Regalia, C. y Fincham, F. D. (2005). Marital quality, forgiveness, empathy, and rumination: A Longitudinal Analysis. Personality and Social Psychology Bulletin 31, 368-378.

Paleari, F. G., Regalia, C. y Fincham, F. D. (2009). Measuring Offence-Specific Forgiveness in marriage: The Marital Offence-Specific Forgiveness Scale (MOFS). Psychological Assessment, 21, 194-209.

Palmero Francese y Fernández-Abascal Enrique (1999) "Emociones y Adaptación" Ediciones Ariel, S.A.

Pattison, M. (1965). On the failure to forgive or to be forgiven. American Journal of Psychotherapy, 31, 106-115.

Pennebaker, E. W. (Ed.) (1995). Emotion, disclosure and health. Washington, DC: American Psychological Association Press.

Peterson, Christopher; Seligman, Martin E.P. (2004). Character Strengths and Virtues. Oxford: Oxford University Press.
Prevention Project. American heart Journal, 112, 635-665.

Puche, J. (1999) "Transformación Personal" Edit. Intermedio, Bogota
Reed, G.L., & Enright, R.D. (2006). The effects of forgiveness therapy on depression, anxiety, and posttraumatic stress for women after spousal emotional abuse. Journal of Consulting and

Riso, W (2005) "Deshojando Margaritas" Editorial Norma, Bogota.

Rivas, R.(2009) "El poder del Perdón" Entrevista realizada para la revista de Selecciones de Reader"s Digest por Szèkey, enero,2009: 44-46.

Rohde-Brown, J. y Rudestam, K. E. (2011). The Role of Forgiveness in Divorce Adjustment and the Impact of Affect. Journal of Divorce & Remarriage, 52, 109-124.

Rye, M. S., Folck, C. D., Heim, T. A., Olszweski, B. T. y Traina, E. (2004). Forgiveness of an ex-spouse: how does it relate to mental health following a divorce? Journal of Divorce & Remarriage, 41(3/4), 31-51.

S.Sarinopoulos (2000) "Forgiveness and physical health" A doctoral dissertation Summary, Word Forgiveness 3, n n (200): 16-18.

Schontz, F. D., & Rosenak, C. (1994). Psychological theories and the need for forgiveness: Assessment and critique. Journal of Psychology and Christianity, 7, 23-31. Science, 12, 117-123.

Scobie, E. D., & Scobie, G. E. W. (1998). Damaging events: The perceived need for forgiveness. Journal for the Theory of Social Behaviour, 28, 373- 401.

Seligman, M. E. & Csikszentmihalyi, (2000). Positive Psychology: An introduction. American Psychologist, 55, 5-14.

Sells, J. N. & Hargreave, T. D., (1998). Forgiveness: A review of the theoretical and empirical literature. Journal of Family Therapy, 20, 21-36.

Sells, J. N. y Hargrave, T. D. (1998). Forgiveness: a review of the theoretical and empirical literature. Journal of Family Therapy, 20, 21-36.

Tennen, H., & Affleck, G. (1990). Blaming others for threatening events. Psychological Bulletin, 108, 209-232.

Terry, D. J., & Hynes, G. J. (1998). Adjustment to a low-control situation: Re-examining the role of coping responses. Journal of Personality and Social Psychology, 74, 1078-1092.

Tsang, J. A., McCullough, M. E. y Fincham, F. D. (2006). The longitudinal association between forgiveness and relationship closeness and commitment. Journal of Social and Clinical Psychology, 25(4), 448-472.

Tsang, J. A., McCullough, M. E. y Hoyt, W. T. (2005). Psychometric and Rationalization Accounts of the Religion-Forgiveness Discrepancy. Journal of Social Issues, 61(4), 785-805.

Van Oyen C, W y otros. (2001) "Gracting forgiveness or harbouring grudges: Implications for emotions, physiology and health psychological science 12:117-23.

Wade, N. G. y Worthington, E. L. (2003). Overcoming Interpersonal Offenses: Is Forgiveness the Only Way to Deal With Unforgiveness? Journal of Counseling & Development, 81, 343-353.

Wade, N.G., & Meyer, J.E. (2009). Comparison of brief group interventions to promote forgiveness: A pilot outcome study. International Journal of Group Psychotherapy 59, 199–220.

Wade, N.G., & Worthington, E.L., Jr. (2005). In search of a common core: Content analysis of interventions to promote forgiveness. Psychotherapy: Theory, Research, Practice, Training, 42,

Wade, N.G., Worthington, E.L., Jr., & Haake, S. (2009). Comparison of explicit forgiveness interventions with an alternative treatment: A randomized clinical trial. Journal of Counseling andDevelopment, 87, 143–151.

Wade, N.G., Worthington, E.L., Jr., & Meyer, J. (2005). But do they really work? Meta-analysis of group interventions to promote forgiveness. In Everett L. Worthington, Jr. (Ed.), Handbook of

Wallace, H., Exline, J. J. y Baumeister, R. F. (2008). Interpersonal consequences of forgiveness: Does forgiveness deter or encourage repeat offenses? Journal of Experimental Social Psychology, 44, 453-460.

Wamala S (2000) "Job Stress and the Occupational Gradient in Coronary Heart Disease risk in Women" Social Science and Medicine 51. 481-98.

Williamson, I. y Gonzales, M. H. (2007). The subjective experience of forgiveness: Positive construals of the forgiveness experience. Journal of Social and Clinical Psychology, 26(4), 407-446.

Witviet, C. V. O, Ludwig, T. E. y Vander Laan, K. L. (2001). Granting forgiveness or harboring grudges: implications for emotion, physiology and health. Psychological

Worthington, E. L. (1998). An empathy-humility-commitment model of forgiveness applied within family dyads. Journal of Family Therapy, 20, 59-76.

Worthington, E. L., Jr. (Ed.). (2005). Handbook of forgiveness. New York: Brunner-Routledge.

Worthington, T. A. (1998).The pyramid model of forgiveness: Some interdisciplinary speculations about unforgiveness and the promotion of forgiveness. In E. L. Worthington, Jr., Dimensions of forgiveness: Psychological research and theological perspectives (pp. 107-137). Philadelphia: Templeton Foundation Press.

Worthington, T. A., Kurusu, T. A., Collins, W., Berry, J. W., Ripley, J. S., & Baier, S. N. (2000). Forgiving usually takes time: A lesson learned by studying interventions to promote forgiveness. Journal of Psychology and Theology, 28, 3-20. York: Brunner / Mazel.

Otras Referencias Electrónicas y Teológicas

- Biblioteca Electrónica el Caribe BECA
- Bosquejos Expositivos de la Biblia
- Donde Hallarlo en la Biblia
- Manual de Guerra Espiritual
- Nuevo Diccionario Ilustrado de la Biblia
- Concordancia de las Sagradas Escrituras
- Vine Diccionario Expositivo de Palabras del Antiguo y del Nuevo Testamento Exhaustivo
- Bosquejos de la Biblia Caribe

Portales Cibernéticos

www.vidahumana.org
www.perugospel.com
www.bibleinfo.com
www.scriptaressay.com
www.evangelicaloutreach.org
www.gospelway.com